赞 词

自出版伊始,《创新的神话》就被 NPR、MSNBC、CNBC、耶鲁大学、麻省理工学院、卡耐基·梅隆大学、微软、苹果、英特尔、Google 和 Amazon.com,还有全世界其他的主要媒体、公司和大学讨论过。

"关于创新的赤裸真相是丑陋的、有趣的和令人眼界大开的,但它肯定跟我们大多数人所相信的有所不同。在本书中,Berkun 让我们挣脱束缚去尝试改变世界,打破了关于创新是如何发生的种种错误观念。"

—— Guy Kawasaki,《The Art of the Start》以及《Rules for Revolutionaries》的作者

"Berkun 的书充满深刻见解和历史实例,不仅指出了关于创新流传广泛的神话的谬误之处,也指明了如何让你的新想法更牢靠的方法。即使在今天超级繁忙的商业世界里,花时间阅读本书也将会是非常值得的。"

—— Tom Kelley,IDEO 总经理,《The Ten Faces of Innovation》的作者

"在如今的商业竞技场上,没有一个词比'创新'被误用得更多。Scott 的著作易于理解,富有思想性,具有逆向思维,而且读起来很棒。"

—— Richard Saul Wurman,《Information Anxiety》的作者,TED 会议的创始人

"Berkun 用智慧、真相和权威辨析了关于想法从哪里来的错误观念。这本书将改变你对发明的想法——永远地。"

—— Lifehacker.com

"本书读起来很简单,放下去却很难,而更难能可贵的是它真的令人鼓舞。读完这本书,你会想要立刻回到那些疯狂的主意上面深入挖掘。"

——Slashdot.org

"本书读起来令人捧腹却又令人深思。"

——London Book Review

"本书比肩于 Thomas Kuhn、Howard Gardner 以及 Eric Von Hippel 的著作,《创新的神话》将会挑战你对突破性主意的假设,并且鼓舞你去想出几个自己的突破性主意。"

——Steven Johnson,《The Ghost Map》以及《Everything Bad is Good For You》的作者

"《创新的神话》是一部富有洞察力、令人鼓舞、发人深思和读起来很有趣的书,而最棒的是这本书深入了创新的心脏以及创新面对的各种挑战。总的来说非常了不起。"

——Jone Seely Brown,施乐前首席科学家,施乐Palo Alto 研究中心(PARC)总监

"想要成为先锋和改变世界的人,应该停止等待闪电击中他们的电脑,而应当学习 Scott Berkun 收集的智慧。对那些围绕着创新过程的陈词滥调可以严肃地从方法论上批驳,也可以一笑了之,Berkun 提醒我们取得突破性进展没有捷径,而创造力就是创新的回报。"

——Scott Rosenberg,《Dreaming in Code》的作者,Salon.com 的创始人之一

"我爱这本书!聪明、智慧、精彩绝伦的历史,令人信服的真人实事,以及无价的思想。"

——Richard Farson, Western Behavioral Sciences Institute 主席,《Management of the Absurd: Paradoxes in Leadership》的作者

"大多数商业学院用都市传奇的方法来教授创新。本书就是解药：一次企业家精神的有趣、聪明的旅程，从神话和现实的角度。"

——William Poundstone，《How Would You Move Mount Fuji》的作者

"将鼓舞你想出自己的突破性主意。"

——Alan Cooper，Visual Basic之父，《The Inmates Are Running the Asylum》的作者

"我对自己没读过这本书就去成立一家公司感到遗憾。"

——Richard Stoakley，Overcast Media, Inc. 首席执行官

"如果你想要成为有创造力的人，不管是为了你自己、你的公司，还是你的学生，你都需要知道真相在何处——神话是什么。Scott Berkun的书既破解了神话，也为实践提供了可靠的建议。所有这些都在这本极具可读性，风格和形式都赏心悦目的书里。小巧、简洁、有力：一本关于创新的具有创新性的书。"

——Don Norman，Nielsen Norman Group，美国西北大学，《Emotional Design and Design of Everyday Things》的作者

"这本书拂去了大话和吹嘘，分析了本质的东西，更重要的是，也分析了什么不是本质的东西。看完本书你将会对是什么真正地驱动创新有透彻的理解。"

——Werner Vogels，Amazon.com 首席技术官

"这本书剥去了创新神话的神圣伪装，给予真实世界的创新者深刻的见解，让他们看到真正重要的创新。"

——Jim Fruchterman，Benetech 首席执行官；2006麦克阿瑟学者

"Berkun向我们揭示了创新不是什么，挑战了我们对创新的先入为主的观念。不管你同不同意Scott的观点，这本书都将让你思考。"

——Gary William Flake,博士，微软Live实验室创始董事

"神话：纯洁的讲故事者还是毁灭性的谎言？Berkun审视了创新神话并且揭示了它们是怎样摧毁真正的组织性创造力。他揭示了神话，但同时也提出了一个令人难以置信的有用的框架让人前进——这是本妙不可言的书。"

——Tara Hunt, Citizen Agency的创始人

"'对灵感最有用的思考方式就是把它作为一个在解决棘手问题时的偶然奖励'，Berkun在他的《创新的神话》一书中这样解释。"

——Janet Rae-Dupree,《纽约时报》

"《创新的神话》不仅有趣、敏锐，而且有用——它绝对能鼓舞人心！"

——Erin McKean,《牛津美国词典》的编辑

"Berkun在看待我们围绕着科技所编织的各种故事时，有一种令人感动的熟悉……任何因为大众害怕新主意而感到沮丧的人，将会了解到创造性流程的真相将比它的神话要微妙得多。"

——John H. Lienhard,《How Innovation Begins》的作者，主播国家公共电台的《The Engines of Our Ingenuity》节目

"如今个人、公司和国家都在努力掌握现代世界日益增长的技术和社会的复杂性，要制定出有效的政策以及作出商业决策，都需要对创新机制有更深入的了解。Berkun的这本易于接受和直奔主题的书籍关于这个问题提供了一个绝佳的介绍，这个问题涉及去除常见的错误观念以及让读者想要知道得更多。"

——Cory Ondrejka, Linden实验室首席技术官，Second Life的创造者

"一本易读和引人入胜的读物。揭示了成功发明家所面对的真实,破除了其他人信以为真的银弹解决方案[译注1],而且提供了真正的途径来创造改变我们生活的发明。"

  ——Bo Begole, Ubiquitous Computing Lab 经理,PARC Research

"我爱这本书。对于那些想要领导和管理商业中的积极变化的人而言,这是一本易读的指导书。"

  ——Frank McDermott, EMI Music 市场经理

"Berkun 对创新的指导直截了当、简洁明了,而且非常引人入胜。读一次会开心,经常读就会戏剧性地增加你成功的机会。"

  ——Douglas K. Smith,《Make Success Measurable!》和《Fumbling the Future: How Xerox Invented, Then Ignored, the First Personal Computer》的作者

"Berkun 的这本新书是一个对于创新历史和普遍误解的易于读懂的分析。他对神话的破除将会帮助创新者、创新团队的经理人以及创新活动的资助人。我给我的实验室全体人员买了这本书。"

  ——Michael N. Nitabach, 耶鲁大学医学院分子生理系助理教授

[译注1] "银弹"来自于 Frederick P. Brooks, Jr 的《The Mythical Man-month(人月神话)》一书,意指软件工程中可靠性、生产率和简洁性问题无法用单一的管理或技术手段大幅改善。

创新的神话
The Myths of Innovation

创新的神话 第二版
The Myths of Innovation

Scott Berkun 著

马松 译

O'REILLY®

Beijing · Cambridge · Farnham · Köln · Sebastopol · Tokyo

O'Reilly Media, Inc. 授权东南大学出版社出版

东南大学出版社

图书在版编目（CIP）数据

创新的神话：第 2 版 /（美）伯昆（Berkun, S.）著；马松译. —南京：东南大学出版社，2012.4
书名原文：The Myths of Innovation，2E
ISBN 978-7-5641-3349-8

I. ①创… II. ①伯… ②马… III. ①管理学－通俗读物 IV. ① C93-49

中国版本图书馆 CIP 数据核字（2012）第 024096 号
江苏省版权局著作权合同登记
图字：10-2010- 450 号

©2010 by O'Reilly Media, Inc.

Simplified Chinese Edition, jointly published by O'Reilly Media, Inc. and Southeast University Press, 2012. Authorized translation of the English edition, 2011 O'Reilly Media, Inc., the owner of all rights to publish and sell the same.

All rights reserved including the rights of reproduction in whole or in part in any form.

英文原版由 O'Reilly Media, Inc. 出版 2010。

简体中文版由东南大学出版社出版 2012。英文原版的翻译得到 O'Reilly Media, Inc. 的授权。此简体中文版的出版和销售得到出版权和销售权的所有者 —— O'Reilly Media, Inc. 的许可。

版权所有，未得书面许可，本书的任何部分和全部不得以任何形式重制。

创新的神话 第二版（中文版）

出版发行：	东南大学出版社
地　　址：	南京四牌楼 2 号　邮编：210096
出 版 人：	江建中
网　　址：	http://www.seupress.com
电子邮件：	press@seupress.com
印　　刷：	扬中市印刷有限公司
开　　本：	890 毫米 × 1240 毫米　32 开本
印　　张：	8.375 印张
字　　数：	218 千字
版　　次：	2012 年 4 月第 1 版
印　　次：	2012 年 4 月第 1 次印刷
书　　号：	ISBN 978-7-5641-3349-8
定　　价：	34.00 元（册）

本社图书若有印装质量问题，请直接与营销部联系。电话（传真）：025-83791830

O'Reilly Media, Inc.介绍

O'Reilly Media通过图书、杂志、在线服务、调查研究和会议等方式传播创新知识。自1978年开始,O'Reilly一直都是前沿发展的见证者和推动者。超级极客们正在开创着未来,而我们关注真正重要的技术趋势——通过放大那些"细微的信号"来刺激社会对新科技的应用。作为技术社区中活跃的参与者,O'Reilly的发展充满了对创新的倡导、创造和发扬光大。

O'Reilly为软件开发人员带来革命性的"动物书";创建第一个商业网站(GNN);组织了影响深远的开放源代码峰会,以至于开源软件运动以此命名;创立了Make杂志,从而成为DIY革命的主要先锋;一如既往地通过多种形式缔结信息与人的纽带。O'Reilly的会议和峰会集聚了众多超级极客和高瞻远瞩的商业领袖,共同描绘出开创新产业的革命性思想。作为技术人士获取信息的选择,O'Reilly现在还将先锋专家的知识传递给普通的计算机用户。无论是书籍出版、在线服务还是面授课程,每一项O'Reilly的产品都反映了公司不可动摇的理念——信息是激发创新的力量。

业界评论

"O'Reilly Radar博客有口皆碑。"
——**Wired**

"O'Reilly凭借一系列(真希望当初我也想到了)非凡想法建立了数百万美元的业务。"
——**Business 2.0**

"O'Reilly Conference是聚集关键思想领袖的绝对典范。"
——**CRN**

"一本O'Reilly的书就代表一个有用、有前途、需要学习的主题。"
——**Irish Times**

"Tim是位特立独行的商人,他不光放眼于最长远、最广阔的视野,并且切实地按照Yogi Berra的建议去做了:'如果你在路上遇到岔路口,走小路(岔路)。'回顾过去,Tim似乎每一次都选择了小路,而且有几次都是一闪即逝的机会,尽管大路也不错。"
——**Linux Journal**

目录

研究准确性承诺……………………………………………… 1

平装版前言…………………………………………… 3

第1章
灵感的神话………………………………………… 9

第2章
我们理解创新的历史……………………………27

第3章
创新有方法…………………………………………47

第4章
大家喜爱新想法……………………………………67

第5章
独一无二的发明家…………………………………85

第6章
好主意很难找………………………………………101

第7章
关于创新,老板知道的比你多……………………117

第 8 章
最好的主意获胜 ································ 133

第 9 章
问题和解决 ······································ 151

第 10 章
创新总是好的 ···································· 165

第 11 章
超越浮夸和历史 ································ 181

第 12 章
创造性思维探秘 ································ 197

第 13 章
如何推销一个想法 ····························· 207

第 14 章
如何自我激励 ···································· 221

附　录
研究和推荐 ······································ 227

照片版权 ·· 243
致谢 ·· 245
如何帮助本书：作者的一个请求 ··············· 249
关于作者 ·· 251
出版说明 ·· 253

研究准确性承诺

在本书的上一版中,我花费了很大的努力来保证事实、来源和参考资料的正确性。然而,正如你在第2章所了解到的那样,历史比我们想象的更有挑战性。

在这本平装版中,我们纠正了40多个问题,包括打字错误、参考资料错误和历史事实的张冠李戴。这些大多数都是微不足道的问题,容易修正。另外一些情况是,我发现了更好的证据以及更多可以得到的参考资料。

但没有人可以打包票。尽管征召了一支帮我验证事实的大军,我还是有可能说错了事实,或者曲解了别人的成果,或者发现新的证据否定我使用的事实。我承诺本书中所有疏忽错误都是无心之失。尽管有不准确之处,但我认为更重要的东西是我相信我的观点和它们引起的思考还是有价值的。

一如过去我所承诺的那样,我会尽自己最大的努力来收集并审阅所有更正和改善的参考资料,只要我发现这些情况的话。

本书中所有的网址和参考资料均可在线访问,以便让大家更容易获得这些资料。访问 www.mythsofinnovation.com 可以告知发现的错误或者为进一步的研究使用参考资料。如果你发现了未列出的问题,可以通过以上网址告知,以便帮助我和其他的读者。

平装版前言

> 把那些我们引以为荣的人物偶像化，
> 我们就对他们和自身都做了一件
> 有害的事情……没能认识到我们同样
> 能够有与那些人物类似的历程和作为。
>
> ——查尔斯·V. 威利

前言

有一天，当我把需要干洗的衣物送到一家自助干洗店时，注意到一个明亮的霓虹灯广告牌，上面写着"创新的干洗服务"。由于写作这本书的缘故，它勾起了我的好奇心。手里拿着要洗的衬衫裤子，我走到柜台前问道："请问，你们创新的干洗服务是什么？"柜台后面的年轻女孩茫然地瞪着我。我不得不指着广告牌然后解释那个单词的意思，好像我是个傻瓜似的。她确认那不过是个市场宣传而已。作为店主的女儿，据她所知，他们在如何清洗衣物方面没有任何的创新可言（在如何帮助顾客方面也同样乏善可陈）。

创新这个词语已经陷入了尴尬的境地。没有创新超级英雄以创新的速度飞来飞去，用创新的忍术来防止滥用这个词语。简单地说某件事情很了不起并不意味着它就真的了不起，然而正如成功的市场宣传和广告所示范的那样，人们仍然止不住地想要尝试滥用夸耀的词汇。创新这个词如此频繁地四处乱飞，不再有任何意义。

如今，以及一直以来，大多数人对主意的信念——从主意是在哪里产生的到它们是如何变成改变世界的事物——在很大程度上是基于一些粗糙的来源。我们观看描写成功故事的电影，然后听到关于天才和他们耀眼的远见卓识的传奇故事，这些传说在一代又一代人之间流传，却几乎没有人追本溯源地去查看一下任何一个这样的故事是否真的发生过。而当我们尝试着自己实现想法的时候，却发现真实与教给我们的东西之间的距离是如此之远，因而轻易放弃也就不意外了。甚至即使我们在困惑中拼搏向前，也不过是凭借猜测来想象整个过程应该是什么样的。我的目标就是改变所有这些状况。

我已经花费了多年的时间来研究创造性思维的历史，特别是围绕着发明和企业家精神，发掘传说背后的真相。我想揭示真正发生过的事情，因为我相信知道事实会给我带来最大的学习机会，提高我自己的能力，并把这些东西教给其他人。每一章都将仔细检视10个流传最广、误导最大的神话的其中之一，揭示事实，并且给出建议和智慧让你应用到自己的工作中。这就是本书，基于证据而不是臆想，真希望20年前在我开始工作时有人能教给我这些东西。

在我说完以便你能开始看第1章之前，我需要讲关于创新这个词的最后一件事情。它并不是我喜欢的词。如今它被用得太泛滥了，以至于它失去了任何显著的意味。对你最有用的也许是，在一本词典里关于创新的众多解释当中，最权威的说法莫过于创新是显著积极的变化。如果某件事情对某个人而言代表着一个显著积极的变化，根据定义，那就是创新。这就给诸如"我们创新每一天"或者"我们在创新的事业中"之类的口号带来了疑问，因为如果是某件按常规完成的事情，它怎么可能代表显著的变化？就算的确可能是显著的变化，但按照那样频繁的频率，带来的变化不大可能是积极的（除了少数从混乱中获利的人之外）。因此，我要挑战任何过度使用创新这个词的人。

这个定义也让创新者在理解受众对他们的创新成果的看法时感到困难。如果它对顾客是一个积极变化，哪怕这些主意已经出现了很多年，但对那些顾客而言就是一个创新。这个很棒：在任何人能把某件东西称为创新之前，他们需要去找到一些喜欢这件东西并且也把它称为创新的顾客（或者会说"这是个显著积极的变化"的人）。这也或许意味着对你而言又老旧又乏味的东西，在某个其他人看来就是新鲜火热的。世界上有超过十亿人没有电力或者清洁的饮用水。如果你把一个功能齐全，具有冰柜、自来水管和无线网络的7-11便利店放在这些人的小屋旁边，他们肯定会把这个商店以及里面的一切称为创新。而根据同样的定义，如果一个太空外星人驾驶着一架老旧、散架的时空飞船降落在你家后院，虽然这架飞船是他和同伴们已经用了多年的，但是对你而言它仍然是创新。

为了实践我自己所鼓吹的东西，创新这个词在本书的上一版精装本中出现了65次，已经比早期手稿中的150次减少了。在这本平装版中，我添加了4章全新的内容，集中讲解如何将想法转变为实际的工作，这让创新出现的次数稍微增加了。[1] 对这个词的跟踪是

---

[1] 这4章中的3章是经过大篇幅修改的随笔，原先写在网站 *www.scottberkun.com* 上。

一个特别的目标，因为它迫使我用清晰的语言沟通。我建议你和你的同事们也做同样的事情。比如，如果你的意思是"我们让商业增长"，就直接说，别用"创新"来粉饰这个意思。如果你想让你的公司被别人看成一家有创造性的公司，没问题。也许你的雄心是让产品领导市场份额，或者让顾客感受激情和快乐。绝妙。写下这些准确的词语。把创新这个词束之高阁。只有极少的情况下你要为了取得显著积极的变化而老老实实地承担伴随而来的巨大风险，说说这些风险都是什么以及积极的变化会是怎样的面貌。与商业学院中任何被用滥的市场术语相比，你的话语中具体的意思会感召并且鼓舞更多的人。

保重，鼓起勇气，并且得到乐趣——希望下次我的旅途中仍然有你相伴。

——斯科特·伯昆 (Scott Berkun)
美国华盛顿州西雅图
2010年8月

第 1 章

灵感的神话

在Google公司主楼大堂等待的时候，我悄悄地跟在一个往里走的参观团后面。这些来参观的人，包括公司执行官和商业经理人，面带眩晕的表情好像参观糖果工厂的小孩——他们眨巴着眼睛被Google富有创造力的工作环境所完全吸引。没人注意到我的"秘密行动"，我们一起信步走在高天花板和色彩明亮的开放空间里，这样的设计是为了激励发明。每个房间和走道都有沙发、乒乓球桌、笔记本电脑和Nerf玩具，我们看到一堆数不清的共享游戏，挑战脑力的拼图和定制的高科技小玩意儿。这氛围是一个愉快的混合，混合了麻省理工媒体实验室、财富500强的大公司和有着独特建筑设计的私人图书馆的气氛，同时还有年轻、聪明、笑容满面的人在四处流连。对于参观团里那些天真汉而言，他们可能是办公室小隔间生涯伤痕累累的幸存者，在Google看到的景象就是神话——一个工作仙境。参观团对在Google里的新发现感到敬畏和惊讶，这完美地掩护了我的尾随，让我观察他们对这条通向创意世界的特殊道路的反应（见图1-1）。

图1-1. Google位于加州山景城（Mountain View）主园区的富有创造力的内部结构之一。

当他们2006年搬到山景城总部后，我也进行过类似的参观，这个参观团看到了在Google生活的有趣事实，如餐厅免费提供绿色食品作为午餐和在各种有趣的地方安装笔记本电脑电源插座（比如，楼梯间），费用被花在保证Google人员能够在任何时间发掘他们的好主意上。当我正在寻思贝多芬或者海明威，这些在矛盾冲突中得到滋养的伟大心灵，是否能够在这样一个备受关照的环境里幸存下来而不会陷入狂躁不安的时候，参观人员的提问吸引了我的注意力。一位年轻的职业女性，几乎无法掩饰她的尴尬，问道："那个搜索引擎在哪？我们要去看看吗？"对此参观团里只有一半的人笑了起来。（不存在一台"引擎"——只有数不清的乏味的计算机服务器海洋在运行着搜索引擎软件。）

第二个问题，尽管是私下说的，却令人印象深刻。一位三十岁左右的男士转向他的同伴，身体倾斜靠近了低声细语。我尽最大努力地伸长脖子去听，但又不让自己看起来像在偷听。那位男士指着远处的年轻程序员们，然后，一只手弯曲成杯状，他问："我看到他们讨论然后敲键盘，但是什么时候他们想出点子来呢？"他的伙伴直起身体四处张望，仿佛要找到什么他漏掉的东西：一个秘密通道，灵感机器，或者是黑袍天才围成一圈念点子咒语。什么也没有找到，他耸耸肩。他们叹气，参观团继续前进，我则离开他们以便思考我的观察。

点子从哪儿来的？这个问题萦绕在每个参观研究实验室、艺术家工作室或者发明家工作室的人的心头。我们希望看到的是秘密——新事物诞生时出现的魔法。即使是将环境打造得跟Google一样适合创造，招聘最优秀最聪明的员工，想法的专有性仍然令我们不安。我们想让创造力像开一个苏打汽水罐或者咬一口三明治那样：机械性质的事物易于观察。然而，与此同时，我们又希望想法是独一无二的，并且想象产生新想法需要某种我们日常见不到的事物。这两种想法交织在一起产生的结果，就是那个对Google令人称奇的工作场所的参观，即使可以完全接触到那些创新者本人，我们仍然无法相信所看到的真实。我们内心还是相信有些由运动感应保安系统或者银行金库大门守卫着的顶级机密房间用来保存想法，在里面想法像金条一样整齐地堆积起来。

在Google、麻省理工（MIT）和IDEO现代创新温床出现以前的几个世纪，我们为了解释事物的创造而挣扎，从宇宙本身到我们身边众多的主意。当我们能制造原子弹和干洗真丝领带，我们仍不满足于对简单问题的解答，比如歌曲从哪里来的？奶酪是不是有无限的口味种类？莎士比亚或者斯蒂芬·金怎么能创作这么多，而我们只满足于收看情景喜剧的重播？我们的流行答案已经没有说服力，这让误解的、充满幻想的神话不断繁荣。

一个宏大的神话是艾萨克·牛顿和地球引力被发现的故事。正如常言所道，牛顿坐在一棵树下，一个苹果落在他的头上，地球引力的想法就诞生了。这与其说是事实还不如说是娱乐，把想法的神秘性转变为某种单纯的、明显的和令人舒服的东西。这个神话向人们传递这样一个内容：人只要运气足够好，在正确的时间出现在正确的地点，伟大的想法就会自己找上门来，而不必付出艰辛的劳作、承担风险和做出牺牲。这个故事的催化剂甚至都不是一个人：它是一个伤心的、无名的、自杀的苹果。

牛顿是否观察过苹果的落下是有争议的。除非有秘密的证据表明牛顿在剑桥读书的时候跟他的同学互扔食物打闹，否则他肯定从来没有被苹果砸到过。就算是这个苹果意外地落到了牛顿头上，这个传说的叙述也抹杀了牛顿对引力进行的20年的解释工作，正是这个成就为他赢得了全世界的关注。就像哥伦布没有发现美洲，牛顿实际上没有发现引力，埃及的金字塔和罗马的斗兽场证明在牛顿之前人们已经充分地理解了地球引力这一概念。牛顿的贡献是通过数学比前人更为精确地解释了引力的原理，尽管这个贡献的确重要，但跟发现还不是一回事。

这个苹果神话中所包含的最有可能的真相是这样：牛顿是一个有很强好奇心的人，花时间观察这个世界的事物。他观测天上的星星并且研究光线是如何在空气中移动的，这些都是他为了理解世界而做的科学工作的一部分。牛顿研究引力并非出于偶然。即使那个神话是真的,并且他也的确看见了苹果的落下,但他对平常事物进行了如此之多的观察,他的思想不可能仅仅是受到公园里发生的水果意外的启发。是的,这才是我们受到鼓励应该汲取的经验。

牛顿的苹果神话是一个灵感的故事,或者是"突然领悟某物的本质或者含义"[1],在关于创新的神秘学里面,灵感是个重要角色。这个词有宗教的渊源,其最初用法是指神的力量所赐予的洞察力,比如说"神赐予的灵感可以拯救这个村庄"。对于包括基督徒在内的早期神学家而言[2],这并不奇怪,因为他们确定了神是宇宙中唯一的创造力量。作为教规,人们曾经相信创造属于神,人类只是引申模仿神的创造。假设你请轮子的第一发明者[3]为你制作一个物件,如果你要求他在成果上刻上他自己的名字,而不是他的神的名字,你可能就冒犯了他 [人们猜想这个轮子发明人会如何看待固特异先生(Mr. Goodyear)和与他同名的轮胎] [4]。

如今,我们使用"灵感"这个词而没有意识到它所蕴含的深厚渊源,比如说,"我对怎么重新整理我的壁橱有了灵感"。尽管宗教的寓意已被忘记,但其带来的暗示仍然存在:我们在暗示不知道主意是从哪里来的,而且也不愿认为主意是我们想出来的。甚至我们用来描述主意的语言"一个主意浮现在我们的脑海里"或者"我们不得不想出主意"暗示着"主意"置于我们身外,不受我们

---

[1] 这个大约是 *Marriam-Webster* 在线字典关于"epiphany"的第三个解释,头两条解释都是宗教上的含义:*http://www.m-w.com/dictionary/epiphany*。

[2] Robert S. Albert 与 Mark A. Runco, "A History of Research on Creativity", 出自《Handbook of Creativity》, ed. Robert J. Sternberg (Cambridge University Press,1998), 第 16~20 页。

[3] 轮子的史前起源是不确定的。最初具有实际用途的一批轮子据信出现在公元前3500年前。参见 *http://www.ideafinder.com/history/inventions/wheel.htm*。

[4] 橡胶轮胎曾经是一个重大的创新,固特异的历史具有惊人的可读性:*http://www.goodyear.com/corporate/history/history_overview.html*。

的控制。当我们为了缓解写不出情书、商业计划或小说而面对一叠空白纸的负罪感的时候，这种想法比较有用，我们可以认为是因为没有灵感光顾的缘故，而减轻了自己的负罪感，但它对于提高我们与生俱来的创造性天赋是没有什么用处的。

古希腊人是如此虔诚地相信想法来自于超自然的力量，以至于他们创造了整整一群女神，不是一个而是九个，来代表创造的力量；荷马史诗《伊利亚特》和《奥德赛》的最初几行就以召唤她们作为开篇。[5]这九个女神，也就是缪斯，是作家、工程师和音乐家的祈祷对象。即使是当时的伟大人物，比如苏格拉底和柏拉图，也修建了奉献给某位对他们意义特殊的缪斯女神的神龛，朝拜了这位缪斯女神的庙宇（或者为了周全，是缪斯女神们）。此时此刻，当词语像 museum（博物馆，放缪斯神像的地方）和 music（音乐，缪斯女神的艺术）的词源一样来自于古希腊人认为想法是超人类力量的传统时，就在我们不信鬼神的鼻子底下，我们以自己语言里面的这些信仰而自豪。

当令人惊叹的创新产生并改变当今世界的时候，最先关于这些创新的说法折射出了过去的神话的影子。记者和读者最先转向魔法时刻的传说，把准确性抛在一旁，对灵感神话的传言津津乐道。蒂姆·伯纳斯·李(Tim Berners-Lee)，万维网的发明人，解释道：

> 记者经常问我是什么关键的想法或者什么奇特的事件让从来不存在的万维网在某一天诞生了。当我告诉他们没有"我找到了"这个时刻，他们显得很沮丧。与苹果落在牛顿的头上展现了地球引力概念的传奇不同……万维网的发明是一个渐进的过程（逐步累积地成长）。[6]

---

[5] 荷马，《伊利亚特》(Penguin Classics Deluxe Edition, 1998) 以及《奥德赛》(Penguin Classics Deluxe Edition, 1999)。

[6] Tim Berners-Lee，《Weaving the Web》(HarperCollins, 1999)。

无论他多少次重复说明花在互联网设计辩论以及各种提案和迭代开发上的时间,记者和读者还是无可救药地想要重塑魔法的神话。

eBay[7]创始人们在公司初创时,费尽心思想要吸引媒体的注意力和曝光率。他们真正的想法是他们渴望创建一个完美的市场经济以便让个人之间可以自由地交易,但是这个想法过于学术化而无法引起记者的兴趣。只有当这些创始人们虚构了个带点爱情意味的故事——关于某个创始人如何创建公司以便让他的未婚妻能够交易PEZ糖果盒——才得到了他们想要的媒体覆盖力度。更真实的市场经济的故事不如恋人间缪斯般灵感这样的传奇更容易得到认同。这个PEZ的故事是在20世纪90年代末期流传得最广的公司创始故事之一,而且它还在继续流传,不顾eBay创始人的澄清。神话常常比真实更令我们满足,这就是为什么神话流传得长久而且不易用事实来纠正:我们愿意相信神话是真的。这就带出了一个问题:把真实包装成灵感神话是一种谎言呢,还是一种聪明的公关手段?

牛顿的苹果传说也在当时的记者群中拥有神话的地位。伏尔泰和其他18世纪的受欢迎作家们在他们的随笔和信件中传播着这个神话。热心的公众乐于听到苹果这个在古代用来代表创意的东西成为魔法,崇拜并且美化了这个故事[比如,根据几十年后伊萨克·德伊斯瑞立(Isaac D'Israeli[8])的记述,苹果的下落轨迹随着时代变迁而被推移了,从被牛顿在远处观察到落到牛顿脚上最终到砸到牛顿的头上]。尽管伏尔泰通过把牛顿的工作变得富有戏剧性而推广了牛顿的思想是事实,但是两个世纪以后,牛顿的实验过程已经很少有人记得了:神话总是比教育更容易推广。任何想要创新的人必须找到更可靠的源头,而且通过检验任何思想的历史可以更容易地开始。

---

7   Adam Cohen,《The Perfect Store: Inside eBay》(Back Bay Books, 2003)。

8   Isaac D'Israeli,《Curiosities of Literature: With a View of the Life and Writings of the Author》(Widdleton, 1872)。

想法从不孤立

我现在正在敲击的电脑键盘就包含十几个想法和发明。它的构成有打字机、电力、塑料、书写语言、操作系统、电路、USB 连接器和二进制数据。如果你把这些事物中的任何一种从世界的历史中删除,我面前的键盘(也包括你面前的这本书)就会消失。键盘,就像所有的发明一样,是此前已有事物的组合。这种组合可能具有崭新的面貌,也可能保持原有的样式,但是材料和想法都是在第一个键盘产生之前就已经存在的。类似的情况还有移动电话(电话、计算机和无线电波)、荧光灯(电力、高级玻璃模具以及一些基本的化学药剂)和 GPS 导航(空间飞行、高速网络、原子时钟)。任何类似的大想法都可以细分为无数更小的、此前已知的想法。有一整部由科学史学家詹姆斯·伯克(James Burke)创作电视系列片《Connections》就专门探索了历史上的主意和主意之间的互相关联的惊人关系。[9]

创新自身也有类似的模式。对绝大多数创新而言,不存在某个魔力时刻一下子诞生发明;相反,发明是由随着时间的推移积累的很多较小的成果最终促成的。互联网的发明用到了近40年里积累的电子、网络和包交换软件领域里的各项创新,这才接近了蒂姆·伯纳斯·李用来创建万维网的那个系统[10]。电冰箱、激光和洗碗机是几十年来产品的灾难,直到通过各种各样的远见卓识消除足够多文化上和技术上的障碍,才成为真正的商业创新。把伟大的想法传奇化是很有意思的,但是任何伟大的创意都是很多小的成果的积累。

然而,从前认为是很浪漫的创新或者企业家精神,只有当人们亲自实践的时候,才会意识到真正的挑战。去读一些空洞、故弄玄虚的关于莱昂纳多·达·芬奇、托马斯·爱迪生或者杰夫·贝索斯

---

9   *http://en.wikipedia.org/wiki/Connections_(TV_series)*。

10   参见 Internet Timeline: *http://www.pbs.org/opb/nerds2.0.1/timeline/*。

(Jeff Bezos)[译注1]做过什么的流水账是很容易的,而同样容易的就是不顾环境的完全不同(或者不具备起码相当的智力)而去模仿他们的所作所为并最终导致错误。这些神话如此强大,以至于当许多人认识到光有一个宏伟想法并不足以获得成功的时候,他们还是觉得吃惊。大多数人想要事物已经被发明了,而不是想要去做发明,因为发明是一个需要艰苦劳作和很多想法的过程。灵感的神话引诱我们相信魔力时刻是伟大的催化剂,但是,所有证据指出,它更多的是作为一个配角。

认识灵感的一种方式是想象自己在玩拼图游戏。当你把最后一块拼图放到正确位置上的时候,这最后一块有什么特别的吗?或者,当你把它放进去的时候,你穿着什么特别的衣服吗?最后一块拼图的唯一特别之处就在于你已经把其他所有块都放到位了。如果把所有的拼图块都打乱了再玩一次,其中的任何一块都可能成为那充满魔力的最后一块。灵感也是类似的运作方式:并不是苹果或者魔力时刻如此重要,而是前后所做的工作(见图1-2)。

当领悟的那一刻或者最后一块拼图到位的时候,那种魔力的感觉来自于两个原因。第一个原因是对数个小时(或者数年)不断投入的回报。与将最后一块拼图放到位的简单动作相比,我们有一种更大的整体回报的感觉,会觉得此前放几百块拼图的工作是值得的。第二个原因是创新性工作并不像拼图那样具有可预测性,因此无从知晓深入领悟的那一刻何时降临;它是一个惊喜。就像穿过阴冷、浓厚的雾气在陌生的山上徒步攀登一样,你无法知道还要走多远才能登到山顶。当雾气突然散尽,你发现自己已经身处最高点的时候,那一瞬间的感觉无法用言语来形容。你期盼这一刻的到来,但无法确定何时到来或者会不会到来,感情上的回报是无可比拟的(同时解释了人们为何攀登高山以及发明新事物)。

译注1 Jeff Bezos 是 *www.amazon.com* 的创始人。

灵感的神话

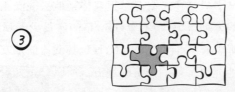

图 1-2. 灵感就是工作的最后一块放到正确位置的时刻。但是，这最后一块并不比其他块有更多魔力，而且如果它不跟其他块相互作用的话，就什么魔力也没有了。

戈登·古尔德（Gordon Gould），激光的主要发明人，是这样解说他自己的灵感的：

> 在一个星期六的半夜……整件事情……突然涌现在我的脑海里，然后我明白了如何制造激光……但是那领悟的瞬间需要我在物理学和光学领域 20 年的劳作，才能令发明所需的要素全部各就各位。

任何重大创新或领悟都有类似的历程。把一个复杂拼图的最后一块放到正确位置上是简单的事情，但与拼图不同，思想的宇宙可以由无限的组合方式产生，所以创新的部分挑战就在于找到待解决的问题，而不只是找出解决方案。在某个创新中用到的某块某天可能被重新应用到其他创新中去解决一个不同的问题。

另一个关于创新和灵感的伟大传奇就是阿基米德的"我找到了"的传说。正如故事所说的那样，伟大的发明家阿基米德应国王的要求来鉴别一件礼物是不是用假黄金做的。一天，阿基米德去洗澡，当他步入水中的时候注意到了水的溢出，于是他意识到了一个看问题的全新方法：知道一个物体的体积和重量，就可以计算出它的密度。阿基米德光着身子跑出街道，嘴里叫着"Eureka!"——我找到了！——也许那些既震惊又困惑的围观者会好奇地猜想他究竟找到了什么。

这个故事中被忽略的部分，就像牛顿的苹果传说那样，是阿基米德在去洗澡之前已经花费了大量的时间尝试找到问题的解决方法，但都失败了。历史最多只描述了概况，但我怀疑他去洗澡正是为了缓解创新所带来的各种压力。[11] 不像Google的雇员或者MIT媒体实验室的学者，阿基米德可没有拿着Nerf玩具武器的朋友或者沙滩排球赛场那样他能缓解郁闷情绪的地方。所以，正如灵感的神话里常见的那样，我们被告知了当最后一块拼图放到正确位置上时阿基米德在哪里，但却对其他拼图是如何就位的一无所知。

---

[11] 流传最广的"我找到了"的故事版本是以一个图例说明的形式出现在Vitruvius的《Ten Books of Architecture》(Dover, 1960)，第253~255页。值得一提的是这本书讲述了西方历史上第一个设计的模式语言，记载了Vitruvius时代的罗马建筑技巧。

灵感的神话

在 Mihaly Csikszentmihalyi 的《Creativity: Flow and the Psychology of Discovery and Invention》一书中[12]，他研究了近100位创造性人物的思维过程，从艺术家到科学家，包括著名的 Robertson Davies、Stephen Jay Gould、Don Norman、Linus Pauling、Jonas Salk、Ravi Shankar 和 Edward O.Wilson。与用探针和大脑扫描做医学研究相反，他专注于这些发明家的个人领悟力。他想了解他们的创新意识，那种连艰深科学的令人窒息和挫败的严酷也无法阻挡的意识。

目标之一是要了解灵感以及它是如何发生的，通过他的研究，他观察到了一个普遍的模式。灵感分为三个部分，简单地描述为早期、领悟和后期[13]。在早期，数小时或者数天的时间被用来理解问题并且让人全身心沉浸在这一领域当中。一个发明家或许会问像这样的问题："世上有什么别的东西与此类似？"和"谁已经解决了跟我类似的问题？"来尽其所能了解一切，并探寻相关的思想领域。所以存在一个孵化的时期，在这期间人们消化知识、做试验和初步尝试来得出解决方案。有时在孵化期中，当进度陷入停顿并且自信消退时，会有一个长时间的暂停，一种被希腊人称为"缪斯丢失"的体验。

大的领悟，如果发生的话，会出现在孵化期的深层状态中：有可能这些暂停是因为头脑在捕捉观察到的每件事物。Csikszentmihalyi 解释在深层平静时期，做不相关的事情经常有助于新的想法浮出水面。他写道："认知理论对于孵化期发生的情况的解释认为……有某种信息的处理一直在进行，即使我们没有意识到，甚至是在

---

[12] Mihaly Csikszentmihalyi,《Creativity: Flow and the Psychology of Discovery and Invention》(HarperPerennial, 1997).

[13] Csikszentmihalyi 用五个阶段来描述灵感，但在本章中我已将其简化到三个。

我们睡觉的时候。"我们的潜意识心理在创造性思维中扮演了很重要的角色：它们可能是被我们浪漫化的无法解释的领悟的来源。当一个期待的想法从潜意识中浮现并进入我们头脑当中的时候，感觉它就像是从别的地方来的，因为在剪草坪的时候我们并没有意识到我们的潜意识在思考。

从牛顿和阿基米德的神话得出的最好经验就是既要充满激情地工作，也要花时间休息。坐在树下和洗澡放松让思维游弋并解放了潜意识，让它来替我们想事情[14]。弗里曼·戴森(Freeman Dyson)，一位世界级的物理学家和作家，赞同地说："我认为空闲非常重要……那些一直让自己忙碌的人通常都没有创造力。因此对于自己的空闲我并不觉得羞愧。"这并不是说去冲浪比做研究更正当：只有工作都做完了，换换脑筋的休息才会有回报。有些工作狂发明家把这一条优化为同时做几个项目，有效地将一个项目的工作变成另外一个项目的休息。爱迪生、达尔文、达·芬奇、米开朗基罗和梵高都经常性地在项目之间切换，偶尔还是不同的领域，可能就加速了思维的交流并启发了他们头脑中的新想法。

牛顿的苹果传说和阿基米德的浴盆故事中的事实之一就是突破的诱因可以来自于平常的地方。研究表明，具有创造力的人能够更容易地将没有关联的想法联系起来[15]。理查德·费曼(Richard Feynman)好奇地观察学生们在康奈尔大学的餐厅里旋转盘子，并最终将这一行为的数学原理与量子物理中的一个未解决问题联系起来，这为他赢得了诺贝尔奖。毕加索找到一辆撞坏的自行车，重新调整了它的座位和把手，把它变成了一件经典的公牛雕塑作品。领悟的关键是观察，而不是IQ分数或者智力的超群，这一点最明显地体现在达·芬奇身上——他的著名的技术发明是通过观察自然获得灵感——他在几百年前写道：

---

[14] 神经科学的研究证实了白日梦在创造性中的重要作用，参阅 http://www.boston.com/bostonglobal/ideas/articles/2008/08/31/daydream_achiever/。

[15] 同上。

静观这些模式，它们都是纯粹随机产生的：墙上的印迹，火堆中的飞灰，天上的云朵，海滩上的砂砾或者其他的事物。如果仔细地观察它们，你或许会有奇迹般的发明。

在心理学书籍中，取出两个不相关的概念并找出其中的联系被称为联系能力。在《Creativity in Science: Change, Logic, Genius, and Zeitgeist》一书中，迪恩·西蒙顿（Dean Simonton）指出：
"在联系能力方面没障碍的人能够将那些过去没有经历过或者很难从逻辑上入手的想法和概念联系起来。"[16] 把前面的句子再读一遍——它跟精神错乱的各种定义没有多大区别。古怪和有创造力之间的关联实在是太紧密了，以至于有时任何一边都会沾一点，这也解释了为什么众多的伟大思想被讥讽为离经叛道。他们的尝试看似没有逻辑的想法或者得出别人费力也看不出来的关联的意愿，不可避免地遭到其他人的指责（或许这些人还会将某些疯狂的科学家和特立独行的艺术家作为例子来增加批评的真实性）。发展新想法要用到大多数人最初并不理解的疑问和途径，这就将很多真正的发明家置于危险的境地，变成孤独和被误解的人物。

超越灵感

假如我们有一张清单列出将在下一个10年里改变世界的最令人震惊的突破性灵感，剩下所需的就是艰苦努力的工作。历史上任何一项伟大的发明在从灵感到现实可用期间都需要长时间的辛劳。想象世界和平或者互联网是一回事，就像万尼瓦尔·布什（Vannevar Bush）在1945年一篇题为"正如我们所想(As We May Think)"[17]的论文里所做的一样，但是把这些想法细分成可以构建，甚至是可以尝试的几个部分，又是另外一回事情。

---

[16] Dean Keith Simonton,《Creativity in Science: Chance, Logic, Genius, and Zeitgeist》(Cambridge University Press, 2004).

[17] 推荐阅读 Bush 的论文。它不仅是远景的夸大宣传，也将一个远景细分为较小的、实际的问题（对今天的远景的一个提示）：*http://www.theatlantic.com/doc/194507/bush*。

Csikszentmihalyi 将创新的这个部分，即把一个想法变成实用功能，称为"消耗最多时间和最艰苦劳动的一个部分"。科学家不仅需要进行发现，还要提供足够的研究来证明发现是成立的。牛顿绝不是第一个发现地球引力体系的人，但他是唯一一位能将多年对引力的研究工作完成以得出准确结论的人。《Star Trek（星际迷航）》，一个20世纪60年代的美国电视节目，已经有了移动电话的想法，但是人们仍然花费了几十年的时间才在技术上将其实现（当然，许多《Star Trek》的科幻想法还有待实现）。更不必说将设备变得全球消费者都可以负担所需的那些服务和商业了。伟大的想法只是实际创新过程中的一个小环节。

对待灵感最有用的想法是把它想成在解决艰深问题的工作中得到的一个偶然奖励。大多数创新都没有灵感，就算一个强烈的灵感时刻的确发生了，也没有获得什么知道如何找到下一个灵感的知识。即使是在神话里，牛顿也只得到一个苹果而阿基米德也只得到一次"Eureka"。专注在灵感降临的那个魔法时刻就弄错重点了。目标并不是那个魔法时刻，而是一个有用创新的最终产出。特德·霍夫（Ted Hoff），第一个微处理器（英特尔4004）的发明者，解释说："如果你总是等待着那个美妙的突破，那么很可能突破永远不会发生。相反，你必须做的就是坚持不懈地工作。如果你发现某个东西看起来还不错，那就坚持到底。"[18]

几乎所有20世纪的重大创新都没有宣称灵感。互联网、网络浏览器、鼠标和搜索引擎——商业和技术史上四个关键发展——都涉及长时间的创新、试验和探索。数十个不同的个人和组织都为此作出了贡献，并且花费数年（如果不是数十年的话）时间才结出果实。最早流行的浏览器 Mosaic 和 Netscape 的创作人不是从零开始发明的。当时已经有各种形式的超文本浏览器存在，有的已经存在了数十年，他们把那些思想的一部分应用到了新的互联网上下

---

[18] Kenneth A. Brown,《Inventors at Work: Interviews with 16 Notable American Inventors》(Microsoft Press, 1988)。

文里。Google 的创始人没有发明搜索引擎——对于发明的荣誉他们迟到了几年。Amazon.com 的创始人们，20世纪90年代后期互联网繁荣最著名的幸存者，解释说："并不存在'我的天，我们已经发明了这个别人以前从没见过的令人难以置信的东西，而且它就是会占领市场'这种感受。"[19] 相反地，他们像大多数创新者一样，确认了一整套的机会——科学的、技术的或者企业的——并且开始对它们资本化。

彼得·德鲁克（Peter Drucker）在《Innovation and Entrepreneurship》[20] 一书中，给所有追求等待缪斯的人提出了建议：

> 成功的企业家不会等着"缪斯来吻他们"并且给他们一个"光明的主意"：他们动手实干。总的来说，他们不追求"大家伙"，不追求"革新工业"的发明，不追求创建"百万美元的生意"或者是"一夜暴富"。那些在开始时抱着迅速做大的想法的企业家肯定会失败。他们几乎是跟做错事情绑定在一起。一个看起来很大的创新可能结果什么都不是，除了技术练得很强以外。而具有中等技术含量的创新，比如说麦当劳，可能变成巨大的、高盈利的生意。

同样的话也适用于任何成功的科学家、技术专家或者发明家。重要的是这样的能力，即清楚地看到问题并运用天赋解决问题。这两项任务通常全部都被毫不精彩地定义为工作。灵感，不论它有什么美德，很大程度上是无关的，因为它不可控制。即使存在一位

---

[19] Paul Barton-Davis, 被 Robert Spector 引用在《Amazon.com: Get Big Fast》(HarperBusiness, 2000), 第 48 页。

[20] Peter Drucker,《Innovation and Entrepreneurship》(Collins, 1993)。

灵感精灵，赋予称职的创新者伟大的想法，但是为了实现这些想法他们仍然有成堆的相当平凡的工作要做。想出一个伟大的主意是一项成就，但成功地用它来把世界变得更好才是更大的成就。

第 2 章

我们理解创新的历史

我们理解创新的历史

> 历史是由那些胜利者和统治者书写的。
> ——爱德华·萨伊德

> 历史就是被普遍认同的谎言。
> ——伏尔泰

> 历史是在黑暗深渊里一支微弱的蜡烛。
> ——W. S. 霍尔特

> 历史事实上是时代的见证,真理之光。
> ——西塞罗

在伦敦大英博物馆的埃及展区,我在罗塞塔石碑(Rosetta Stone)周围徘徊,等待警卫将目光移向别处的时机。当一个小孩跌跌撞撞走向放着一个更稀有文物的墙角,警卫注意力被分散时,我靠了过去。我屏住呼吸,越过铁栏杆,伸出微颤的手,抚摸石碑上的字母。我的指尖轻轻触摸冰凉的石碑表面,划过古代神秘符号的边角:许多人梦想能触摸历史,我仅仅是摸了一下石碑,就感觉触摸过的历史远多于很多人所梦想的。我把手缩了回来,漫步走开,又羞愧又害怕,祈祷警铃和手铐不要出现。我一整天都没洗那只手,沉迷在对石碑背后那些重要人物的想象之中(见图 2-1)。

图 2-1. 大英博物馆内的罗塞塔石碑,约摄于 1996 年。

当我在博物馆干坏事的恐惧感消失时,还有一件令人沮丧的事情:这块石碑声名鹊起的原因跟那些创造它的人没有关系。那些石匠不可能想象到他们的手工作品会在两千年后出现在一家欧洲的博物馆里,还有一些警卫被雇来保卫它,以使它远离像我这样莽撞冒失的人。然而,它就放在那儿,仿佛它的命运就是要被一个法国人在一堆废墟中发现,并被用来解密埃及象形文字,最后被安放在伦敦展出。在博物馆肃穆庄严、神庙一样的气氛中,我已经忘记了这石碑是一件手工制品:它是属于历史一部分的一件物体,而不是历史本身。[1]

虽然石碑是一个发现而不是一件发明,但石匠们如何看待他们的作品和我们今天如何看待石碑之间的差别对于创新者而言还是很有意义的。要在诞生之时理解创新,我们需要明白历史如何改变观念并且重新审视事件,就像罗塞塔石碑的发现一样。

石碑是一个埃及柱子的残片,大约2 000磅重,建于公元前196年。石碑是普通的,就是众多柱子中的一个,当时法老用它来跟他的臣民交流。石碑上的内容——这是建造它的原因,但很少被提及——是一项公众服务宣言,大部分在颂扬法老("新国王,伟大而荣耀,埃及的稳定者,虔诚于众神的事务,远远胜过他的敌人……")。石碑可没有兴趣保存以下两个事实:

1. 在1789年石碑被发现之时,人们对埃及象形文字毫无头绪。

2. 它是已发现的第一件同时刻有象形文字和希腊字母的物品,让翻译成为可能。

---

[1] 今天,石碑被放在了玻璃罩子里面。1998年进行过清洗,擦掉了一层层的蜡、墨水和油渍,这些都是经年累月的拓片、拷贝和不成熟的(咳咳)参观者留下来的。石碑由类似于花岗岩的石头制成,好奇地胡乱摸摸不会有什么问题。原则上讲,从那以后我就可以抗拒未经许可接触任何文物古迹的冲动了,包括历史教授在内。

石碑对我们而言是一件超乎寻常的物品,但这些后来的事情与石碑的建造无关——它们是在石碑建造后才被赋予不寻常的意义。

假如说我们通过其他手段弄清楚了埃及象形文字,比方说,在雅典发现一本从埃及语到希腊语的翻译书(很有可能,因为希腊人统治过埃及几十年)[2],或者找到了另外一个用多种文字写成的文档,同样可以达到目的,而这些物品现在可能就取代石碑被放在博物馆中(例如,"埃及烘肉卷的罗塞塔菜谱")。所以当这个石碑在大英博物馆作为一级展品保存时,它的价值来自于了不起的境遇。它提供的最好经验是从古到今,时间的力量把平常的物、人和事件转化成为传奇。谁知道呢,说不定把我那破烂三流的移动电话埋在巴黎的沟里,一百万年后,或许就成为某个外星球的豪华展品,成为理解(误解)人类的基石了("这里,太空玻璃后面,是历史上著名的巴黎移动电话")。

这跟创新有什么必然联系?哦,拿一个伟大的创新来说:出版印刷术。在约翰尼斯·古腾堡(Johannes Gutenberg)死后500多年,他被尊崇为历史上最伟大的人物之一。在一份从古到今最有影响力的人物名单上,他排在爱因斯坦、亚里士多德和摩西的前面。[3] 尽管中国人早在几个世纪前就发明了活字印刷术和许多印刷技术,但古腾堡是欧洲第一位发明这些的人。[4] 今天我们可以把网站和畅销书的存在都归功于他在德国美因兹(Mainz)作坊里的工作。

---

[2] 著名的亚历山大图书馆,古代最大的图书馆,可能已经有翻译象形文字的各种书籍,但它被摧毁了(大约在公元4世纪时):*http://www.bbc.co.uk/history/ancient/egyptians/*。

[3] 基于1992年Michael H.Hart所写的书《The 100》,*http://www.answers.com/topic/the-100*。《时代周刊》2006年排名前100的人物名单列出了几个杰出的创新者,包括Jimmy Wales (Wikipedia)、Niklas Zennström和Janus Friis (Skype的创始人)。

[4] John Man,《Gutenberg: How One Man Remade the World with Words》(Wiley, 2002)。

然而，在古腾堡故事中被故意忽略的部分，是在他的时代他没有任何影响力。就像罗塞塔石碑的创造者一样，古腾堡也不是他那个时代的英雄，他的初衷并不是我们今天归功于他的那样。他不是试图通过让人们获得知识而解放世界，或者为互联网时代铺平道路——我们所能够说的，就是古腾堡只是单纯地想养家糊口并且还失败了。[5] 就像制作罗塞塔石碑的石匠们，古腾堡是一个做着自己事情的手工艺人，他不可能想象到在他死去几个世纪以后，每年会有几百万本书和网站出版、发布，也不可能想到他的名字不断被提及。

古腾堡的影响，如同罗塞塔石碑的冲击，很大程度归功于环境、世界政治和他具有作为一个印刷工匠的能力。(中国和伊斯兰文明都早在古腾堡出生前就掌握了他的发明所需具备的各项技术要素，但却没有发明成功。[6]) 不像米开朗基罗、达·芬奇或者其他同时代的伟人，几乎没有什么古腾堡的生平记录被保存下来，因为他的工作和生活在当时并不受到重视：只是因为一连串的幸运事件，我们才知道他的名字。[7]

古腾堡的创新，在他的时代，被用一种与我们今天完全不同的方式接受，这是一个今天的创新者都必须理解的事实：我们如今非常熟悉的传奇故事，在当时形成的时候，从文森特·梵高到史蒂夫·乔布斯再到阿尔伯特·爱因斯坦，很少被看成传奇。

---

[5] 同注释4。我们对古腾堡生活的大部分了解来自于法庭和商业档案，其中记录了很多失败的项目以及一桩主要的诉讼让他失去了很多劳动成果。

[6] 造成差别的推力在于文化和偶然因素。古腾堡做出了关键的贡献，但更为显著的是，汉语有成百上千的字符，而不是26个字母，就更难做完美的印刷系统。古腾堡的成果与路德的宗教改革处于同一时代，提高了印刷圣经的兴趣——而这样的兴趣不存在于中国。

[7] 同上。

然而，如今在学校里和书上古腾堡及其他创新者的故事被说成是对世界明确的、逻辑的和必然的贡献，让我们以为如果我们跟他们生活在同一时代，也会照历史书所描绘的那样来看待这些创新者。或者，假如这些人没有完成他们已知的成就，时间就会停滞。那些辉煌的描述用一种扭曲的、在今天无法实现的方式讲述创新，因为清晰的轨迹、明确的目标和确定的成功很大程度上是被臆想的（如果不是被捏造出来的话）。

为什么历史看上去完美？

如果你在21世纪的罗马走一走，很容易发现古罗马人是建筑大师。那里有斗兽场（见图2-2）、神庙、公共浴室和引水渠，大多矗立了数千年之久（而且很多今天仍然在使用中）。问题是我们被看不到的部分蒙蔽了。这些今天仍然矗立的建筑只不过是当年古罗马人建筑中的一小部分：其他的都坍塌了，或者被推倒并且掩埋，或者被拆除，材料移作他用，从此消失在历史中。尽管古罗马人非凡的工程技能值得称赞，但他们并不是完美的工程师——他们一直都犯错误。古罗马的统治阶层的确住在辉煌的大理石宫殿里，就像经常在电影里描绘的那样，但是绝大多数古罗马人住在很容易倒塌的平房里，数千人因此丧命。[8]

除了那些壮观的圆顶建筑和富有传奇色彩的笔直道路外，公元64年的大火烧毁了三分之二的古罗马城，包括有800年历史的朱庇特神庙(Temple of Jupiter)和古罗马广场中最神圣的圣女神殿(Atrium Vestae)。[9] 这就意味着我们今天所知道的大部分罗马，包括废墟，其实是在大火后重建来取代已经烧成废墟的那个城市的。

---

[8] Jerome Carcopino,《Daily Life in Ancient Rome: The People and the City at the Height of the Empire》(Yale University Press, 2003)。

[9] http://www.pbs.org/wnet/secrets/case_rome/index.html。

图2-2. 今天仍然坚固的古罗马斗兽场，修建在尼禄(Nero)皇帝被火烧毁的金色宫殿的废墟上。

而我要说的不只是罗马：检验任何一个创新的传奇故事，从发明家到科学家再到工程师们，你都会发现历史有相同的一致性，它们已经自然地忽略一些事物。历史不可能关注那些已经被丢失、隐藏或者故意埋没的事物，历史大多数情况下是成功的见证，它不关心那些孕育成功的失败部分。[10]由于不具备对故事里缺失部分的起码想象力，如今我们对如何取得成功的观点已经大打折扣。

最近的历史也有类似的问题。大多数美国人都被教育哥伦布是一个英雄，他在危机四伏的大海航行，发现了后来成为我们家园的地方，为了支持地球是圆的这一创新学说而奋斗。(这是个很奇怪的

---

[10] 拿古罗马的例子来说，几乎没人写平房里的生活或者编年记载古罗马精英们造成的失败工程。(你会出版很多关于恺撒或者尼禄缺点的书吗？)批评的声音在历史记录里面是很少见的，因为没人有写的工具(古罗马人比古腾堡发明印刷术早1 500年)。假如历史看起来完美，那并不是因为过去的人得到生活更多的垂青，只是因为许多过去发生的事情和来龙去脉都被隐藏了。

神话,因为从古代开始水手们就已知道世界是个球体——他们只是不知道这个球有多大。[11]) 但是霍华德·津恩（Howard Zinn）的《A People's History of the United States》[12]以及詹姆斯·W. 罗温（James W. Loewen)很少被提及的《Lies My Teacher Told Me》[13], 揭示了同样和哥伦布相关但是很少被提及的事实, 他参与了对美洲土著的种族屠杀、很大程度上不够称职以及贪婪成性。哥伦布到底是英雄还是傻瓜？看起来都对, 但是讲述真相需要比历史人物(如哥伦布)的泛泛记载更多的东西, 这些泛泛记载典型地是从历史教科书上学到的。也许还有更糟糕的, 就像灵感的神话, 我们沉溺于阅读和写作那些让我们对现状感到更满意的历史。一旦学习过, 对这种版本的历史的信念就很难动摇, 哪怕事实的力量再具有说服力也没有用。

考虑一下：你会买一本名字叫做《Why the Past Is Frustrating, Embarrassing, and Uncertain: A Litany of 78 Labyrinthine Enigmas?》的书吗？很难想象这个书名上了畅销书名单或者通过了"家长教师联合会(PTA)"审查委员会的审阅而成为小学生的课外读物("它会害了孩子们的小脑袋！"我能听到他们的哭喊)。为了探寻真相, 我们期望历史学家厘清事实, 而不是让我们困惑或者愤怒。把古罗马人树立为超人、不出错的工程师, 或者把哥伦布说成英雄, 都把世界简化成了灵感神话那样：它让创新变得特别而脱离了我们的日常生活经验。罗塞塔石碑、古腾堡印刷术和古罗马建筑——全是它们各自领域的创新或者突破——是经过了很多失败、偶然事件和人类创造的天性才得来的, 但这些细节破坏了我们渴求的浪漫。

---

11 亚里士多德是最早提出地圆学说的人之一, 但任何在海上航行的人看到海面的曲线都会产生这个想法。可见的地平线大约有五英里远, 如果位置升高的话可以看得更远：*http://www-istp.gsfc.nasa.gov/stargaze/Scolumb.htm*。

12 Howard Zinn, 《A People's History of the United States》(HarperCollins, 1980)。

13 James W. Loewen, 《Lies My Teacher Told Me》(Touchstone, 1996)。

不要误解我的意思：当靠近罗塞塔石碑、古罗马废墟或者任何创新的奠基石的时候，我们应该感到壮观，不是因为它们是魔幻般的、具有异国情调的事物（也许埃及金字塔是个例外，至今我们仍然无法完全理解它是如何被建造的）；[14] 相反，我们应该受到启发和激励，因为它们把我们的个人奋斗、荣耀、恐惧和激情，与这些成为文明基石的事物的创造者联系在一起——这才是历史的真正力量。

尽管出于这个目的，对于历史的处理仍然存在问题，这是所有的历史学家都不能避免的，无论他们如何正直和公正无私——他们都有跟我们一样的偏颇和欲望。即使出于谋生的需要写些让人们愿意买的东西，每个作者，无论她有多少学位或者写了多少教科书，都有一些倾向和观点（包括你在内）。作者们不可能研究每个事实或者从每个角度进行强调。这些问题对于创新和普通历史学而言如此严重，以至于历史学家有一个待研究的领域，称为"历史考证（historiography）"。爱德华·卡尔（Edward Carr），这一领域的杰出历史学家，在他的经典著作《What Is History》里写道：

> 常言说事实不言自明，这显然是不对的。事实只有在历史学家召唤的时候才会说话：是由历史学家来决定说出什么事实或者用什么样的顺序和语境……事实就像麻袋——你只有放点东西进去它才能够站立起来。[15]

不存在客观历史，这个令人震惊的秘密也解释了为什么教师要用无穷无尽的细节来折磨学生。但是每个人都可以接受的教材会消除观点、见解和人性，只剩下蹩脚、没有灵魂、不幽默、不会让人

---

[14] Johnathan Shaw,《Who Built the Pyramids》, 出自《Harvard Magazine》(July-August 2003), *http://www.harvardmagazine.com/on-line/070391.html*。

[15] Edward Hallett Carr,《What Is History?》(Vintage, 1967)。

羞愧的事实。好的历史是历史学家用各种材料和坚定的立场认真写成的，但所有的历史仍然是基于解释和观点的。这样也有好处，那就是即使事件的真相已被接受，每年还总是有新的历史书出来。一件事情发生得越久，我们对于发生了什么的观点就越多。就算我们知道互联网是如何被发明的，或者第二次世界大战起因的全部真相，那也不意味着对这些历史的讨论就此结束。我们比较的事实越多，进行的关联越多，历史就变得更丰富和更强大。

这就导致我们作为创新的学生，兴趣被许多历史学家和大众分散了。我们想要理解假如我们生活在过去，试图在过去的那个时代的那些限制条件下做出创新会面临的挑战。我们寻求可以再次使用的策略，或者从失败里面汲取教训：我们不需要便捷——我们需要真相。到最后，在创新的历史上，没有比事情进展得像一条直线那么顺利更值得批驳的神话了。

进化和创新

罗塞塔石碑被埋在沙里近2 000年，被人遗忘且不被喜爱。没有任何记号或者地图帮助拿破仑的军队在1799年7月的一天发现它。[16]在此之前有足够多的时间可以让其他某个人来毁坏它，磨去它的表面，把它雕琢成漂亮的雕像，或者把它藏在别人永远也找不到的地方。[17]当然，我们很幸运它是现在这个样子，但如果时光倒流，有任何一种可能会让事情变得跟现在完全不同。罗塞塔石碑的发现并不是命中注定的。

---

[16] E. A. Wallis Budge,《The Rosetta Stone》(Dover, 1989), *http://www.napoleon-series.org/research/miscellaneous/c_rosetta.html*。

[17] 关于拿破仑和埃及的一个故事是他的军队毁掉了斯芬克斯的鼻子。这个传说绝对是个谬误：在拿破仑军队造访埃及几十年之前所画的图画里面，斯芬克斯的鼻子就已经是毁坏的了。

然而，当我们查看任何历史时间轴的时候，我们会受到鼓励，会认为其他的结局是不可能的，那些结局没有被列在时间轴上。因为时间轴上发生的事件无论多奇怪和不可思议，我们今天都把它们当成理所当然的。这不是我们的错，也不是时间轴制作人的错（其实那是个困难的任务）。基本的事实是这些简化让历史更容易被解释。也就是说，它具有误导的性质：在每本出版的书中，每个时间轴上的每一点，都像今天一样具有很大的不确定性和变化的可能性。

想想看科技是如何按时代来划分的：刚开始是石器时代，然后是青铜时代，后来是铁器时代；或者，对计算机而言，是大型机时代、个人电脑时代和互联网时代。我们把各个时期用当时的发现或者发明贴上标签，把过去的时间里普通、平常、困惑的每一天投影成一个次序井然的图表。较早使用青铜剑的人们，驱赶那些挥舞木头长矛的人群远离自己的财宝，并不会把自己看作身处"青铜时代"；第一批苹果 Macintosh 用户也不认为自己正在"前互联网时代"；我们也不把自己看作处在"心电感应又便宜又好玩之前的时代"（或者下一个令人称奇的事物）。正如当前一样，过去的人们相信他们已经把自己与历史剥离开来，正住在未来边缘一个叫做"现在"的疯狂的地方。

这导致了分裂的问题，令人恐惧的关于创新历史认知的测试：过去的创新是注定发生的吗？互联网、汽车和移动电话是人类发明迄今为止必要而且不可避免的结果吗？很多人认为是。这种想法甚至还有个时髦的名字叫做"技术进化主义（techno-evolutionism）"，尽管听起来很酷，但它仍然是一厢情愿的想法。[18]

---

[18] http://www.aber.ac.uk/media/Documents/tecdet/tdet10.html。

创新和进化的揭秘

技术进化的错误观念折射出了关于生命、宇宙和一切事物进化的谬误。在进化论中,很多谬误的地方是它把现代文明定义为历史的最佳结果,因为我们还依然存在。很多人认为进化就是一座金字塔或者一把梯子,人类在最顶端,是这颗星球的最高成就,甚至是宇宙的最高成就(见图2-3)。可是进化论不支持这种想法,就像前哥白尼时代的太阳系学说,把我们放在一切的中心或者顶端听起来不错,但它是荒谬的。

错误　　　　　　　正确

图2-3. 进化只是意味着处于顶端的事物适应当前的环境而已,不意味着"更好"。

自然选择不意味着处在顶端的是特别的,它只意味着当前的环境对于那个事物而言是有利的。观察音乐排行榜:约翰尼·卡什(Jonny Cash)的专辑《Live at San Quentin》在1968年发布的时候是最畅销的,而几十年后它都排不进前50,但是在2005年的时候,当一部关于卡什生平的卖座电影,《Walk the Line》,发布的时候,环境改变了。这张专辑——跟40年前刚刚制作的时候一样——回到了排行榜的顶端:最适合的标准改变了。当然进化要比流行音乐复杂得多(我希望如此),但是"什么东西占优"的转移天性是类似的。

虽然人类今天可能是占有统治地位的（尽管大多数物种赖以生存且适应能力更强的昆虫或许质疑这一点[19]，但如果这个星球的温度降低一半，发生了大爆炸，或者几颗中等尺寸的小行星撞入大西洋，那么最适应的生物不会是我们。我们会消失，最多作为可爱的动物被蟑螂的幸存后代知道，就像我们颂扬食物链统治者前辈——恐龙那样。

我希望我有好消息，能够有一个明朗的时间轴表明进步注定会发生，但很不幸，与这种盲目自信相反，进步是没有保证的。希腊和罗马的奇迹并没有阻止蹩脚的文明大规模地滑向黑暗时代（Dark Ages）。技术从来都是被发明、丢失、找到、忽略和再次发现的。（例如，用于修建斗兽场的水泥的秘密，如图 2-2 所示，随着罗马的陷落而失传了，直到 19 世纪才被重新发现。[20]）Carr 在他的论述中说："没有一个有理智的人会相信事物的进步是一条连续的直线，没有反复、分歧和中断。"困境在于，任何时刻都很难知道我们究竟是在见证进步，还是就像在爬山的时候分散注意力那样，仅为眼下一点短期收获而看不到长期负面后果。一个例子就是生物学上有很多死胡同：地球历史上所有生物中的90%都已经灭绝了，而灭绝是发生在它们生存了几百万年之后。[21]

创新也沿袭类似的路径：我们使用移动电话或者个人电脑的原因并不是因为从长期来看它们比吸烟标志或者洞穴壁画要好，或者是它们处在不可动摇的技术金字塔的顶端。[22]我们是逐步应用它们的，本能地将其作为生命体验的一部分。一个事物取代另外一个并不意味着新事物跟旧事物相比在每个方面都提高了，作为交换

---

[19] Edward O. Wilson,《The Diversity of Life》(Belknap Press, 1992)。

[20] Dick Teresi,《Lost Discoveries：The Ancient Roots of Modern Science——from the Babylonians to the Maya》(Simon & Schuster, 2002)。

[21] 《A history of extinction》, World Resources Institute, *http://pubs.wri.org/pubs_content_text.cfm?ContentID=519*。

[22] 关于进化错误观念的一个基本评论参见：*http://evolution.berkeley.edu/evosite/misconceps/IBladder.shtml*。

条件，新事物的确做到了提高。这个命题是很容易检验的：研究历史上的任何创新——从航空母舰甲板上的蒸汽飞机弹射器到电报再到激光和纳米科技——你会发现它们的发明和应用都是基于平常、自利和大多数短期的动机。处处都是错误和复杂情况，想把进步修正成一条直线本身就是一个异想天开的发明。

考虑一下以汽油作动力的汽车，最有影响力的科技发明之一。在《The Evolution of Technology》一书中，乔治·巴萨拉（George Basalla）解释道：

> 在世纪之交的时候没有汽车专家，只有发明家和企业家出于直觉和热情，试图说服潜在的汽车客户购买他们的产品。在这种情况下，一旦汽油引擎占据主流地位，蒸汽或者电力引擎要么是被遗忘，要么是被看作汽车前进道路上的失误。[23]

汽油引擎和汽车的成功并不是因为它们指引我们的方向是最好的，更不是因为它们是今天的问题的最佳解决方案。它们成功了，用自然选择的话来说，是因为综合了当时环境的各个方面。交通拥堵、污染、车祸和对有限石油资源的依赖都对汽车这项我们目前仍然赖以生存的发明的适用性提出了质疑。

主流设计了主流的历史

选一项你喜欢的热门技术，看看有多少种不同的产品在那相互竞争。在创新的过程中，总是有竞争者的。企业家被吸引到新兴市场是因为至少他们在那里有跟其他人同样的好机会，即使他们缺乏资金或者经验。但我们所忘记的是每一项创新，从喷气式飞机到纸夹，都曾经是一个开放的、竞争性的、充满试验精神的游乐场。

在《Mastering the Dynamics of Innovation》一书中，詹姆斯·厄特巴克（James Utterback）写道：

---

[23] George Basalla,《The Evolution of Technology》(Cambridge University Press, 2002).

可能会有诱惑让人们认为那些占据优势的设计的出现有某种命中注定的成分——带有内燃机的汽车正是交通的神灵想要让我们拥有的，而早期的电力和蒸汽动力汽车的试验是注定没有任何结果的误导性地偏离轨道。占据优势的设计的出现不必是命中注定的，而只是在特定时期技术和市场交互作用的选择结果。[24]

另外别忘了人性的六大弱点：贪婪、非理性、目光短浅、自大、缺乏想象力和愚蠢。认为汽车的安全带和防死锁刹车的发明是出于创新先驱们圣徒般的理性、前瞻性和美好的精神，那是种诱人的想法，但却不是真的。[25]

这表明任何技术，从电子心脏节律器到隐形眼镜，从荧光灯到避孕药，在最终出现前都经历过今天所看到的热门技术的混乱。只是因为占据优势的设计在我们出生前已经开发了，但不代表它们的出现是可预测的、有次序的，或者是符合我们最佳利益的。然而，这些占据优势的设计，任何创新追求的胜利者，得到了历史上最多的正面关注（见图2-4）。

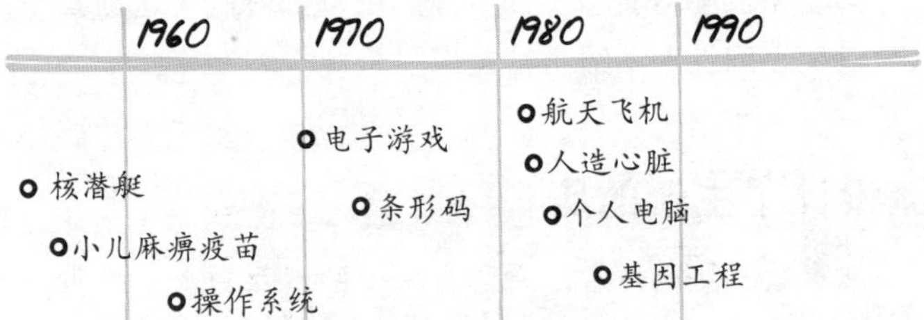

图2-4. 一个典型的技术时间轴（受到 PBS 的启发）。

[24] James Utterback,《Mastering the Dynamics of Innovation》(Harvard Business School Press, 1996)。

[25] Ralph Nader 写于1965年的书,《Unsafe at Any Speed》(Grossman), 揭示了汽车工业是如何达成秘密非法协议来阻止安全方面的发明的。参见 http://www.answers.com/topic/unsafe-at-any-speed。

在图2-4中，你可以发现在20世纪80年代有一个小点代表个人电脑的出现。它礼貌端正地坐在那儿。你会注意到它并不比邻居们占据更多的空间，看起来它对生活中的这一小段时光很开心，也许还和它有趣的人造心脏和基因工程朋友们分享下午茶呢。但如果我们把它放大，增加解析度以使个人电脑的历史不仅是时间轴上的一个点，我们将看到混乱、竞争和无法预测的事件纠缠。那个快乐的小点是时间轴不可避免的误导中的一个诱饵。时间轴不仅表达了一种错误的权威历史观，它是肤浅的，也提供了一种错觉。历史是深刻的，而且就像相似的碎片，你可以在不同的层次发现很多内容。让我们深入下去看看个人电脑的小点走向何方。

个人电脑的开发始于20世纪70年代末期，当时，关于如何（甚至是能不能）把它向全世界发布，还存在很多可能性。那时大型机设计是主流，只有少数好奇的人相信电脑会进入人们的办公室，而更少的人相信电脑会进入家庭。苹果公司在1977年发布Apple Ⅱ电脑，令人信服地证明了个人电脑有生存的市场空间。然而，施乐的PARC(这个复印机公司的研究机构)在1973年开发了一款更早的个人电脑，Alto。两件事情的发生开启了Apple Ⅱ的成功之门。首先，两家领导企业，Atari和惠普，拒绝了苹果为它们制造这款电脑的提议。[26] 其次，施乐决定不把Alto推向市场，尽管手里已经有了计划。这两件事今天看起来好像很愚蠢，但是"愚蠢"是欺骗性言论，多数情况下看，Atari、施乐和惠普在当时是作出了理智的商业决策。

如果你画一张简略的草图表示1980年时个人电脑的可能性，会得到类似图2-5的东西。不同于图2-4的时间轴，这幅图表明了有多种不同方向的可能性同时在向前推进，每个方向都给其他方向以挑战、启发和反馈。但时间轴掩盖了所有这些行为——创新者需要理解的大量混乱的细节。

---

26 http://www.islandnet.com/~kpolsson/comphist/。

因为时间轴必须用一个明确时间点来表示个人电脑的出现，于是1983年幸运地被选中了：不是1973年（Alto）、1977年（Apple Ⅱ）或者1979年（Atari 400）。在1982年，个人电脑已经非常流行，以至于《时代周刊》把它提名为年度人物（或许我该建议让这个新潮电子设备竞选《时代周刊》的十年人物，但我怀疑没人会采纳我的意见），但是后来，1983年前后，IBM个人电脑才是真正的主流设计。时间轴上的小点的信息少得令人吃惊：它甚至无法提示个人电脑的想法是何时被提出的，也无法说明那些无名创新先驱用电路、数学和晶体管所做的努力工作——这些为苹果、Atari和IBM在几十年后完成个人电脑的创新铺平道路。[27]

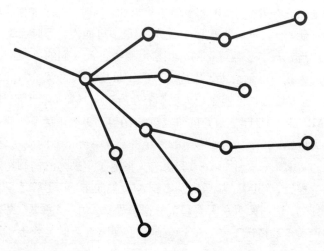

图2-5. 竞争的创新之树。

当IBM个人电脑确实成为主流设计的时候，我们不得不认真地总结原因。它从来不是命中注定的，也不单纯是因为IBM的垄断地位产生的（他们很快还会发布滑稽地流产的个人电脑二代）。[28] 值得思考的是如果施乐选择发布它的Alto，或者苹果公司说服了惠普为他们的机器提供资金支持，那会发生什么事情：IBM将不会

[27] 一个虽然简陋但好一些的时间轴，标明了促成个人电脑诞生的各个事件，可在 http://inventors.about.com/library/blcoindex.htm 找到。

[28] http://www.old-computers.com/museum/computer.asp?c=186。

再有同样的机会。从另一个角度来说，如果施乐或者IBM更早地承担风险，个人电脑的时间轴可能就会前移，但它们就没法作为旁观的竞争者汲取经验教训，可能在产品不成熟——技术或者文化还没有准备好——的时候就发布，也许会把个人电脑的时间轴推迟到1985年甚至2005年（参见图2-6）。

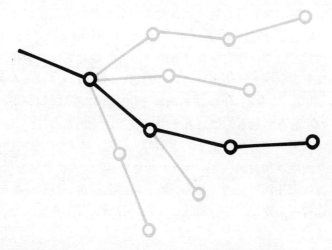

图2-6. 最好情况下，时间轴只表示了完整创新历史树的一条路径。

很多创新沿袭了类似的创新模式，比如个人电脑出现差不多20年后开发的网络浏览器。第一个流行的浏览器是美国国家超级计算应用中心（NCSA）开发的Mosaic，在1993年为Windows操作系统而发布（主流IBM个人电脑的主流操作系统）。两年之内，浏览器市场就出现了超过一打的竞争者；到1997年为止，竞争者数量超过了40。[29] 在早期，浏览器是如此的过剩，以至于其他软件如文字处理器或者游戏，通常都会附带一个其公司自己开发的浏览器。到1997年，两个主流的浏览器幸存下来：网景的Netscape和微软的Internet Explorer（揭秘：我在1994年到1999年间做过这个项

---

[29] 网络浏览器的简明历史可以在*http://www.livinginternet.com/w/wi_browse.htm* 找到。关于超文本系统网络浏览器诞生渊源的深度历史，参见Jakob Nielsen的《Multimedia and Hypertext: The Internet and Beyond》（Morgan Kaufmann, 1995）。

目），而且它们之间的竞争被夸大地称为浏览器战争，最后Internet Explorer在1999年成为主流设计。那之后再没有其他流行的浏览器了，直到2005年，Mozilla Firefox——一个基于网景Netscape的重新设计——开启了新一波浏览器竞争的兴趣和创新，甚至直到今天，这种竞争还在继续加速。在这种程度的细节上，还有很多有趣的问题。为什么浏览器战争没有持续得更久？那些年激烈的竞争是不是对消费者最有利，或者说在一个由老旧主流设计统治的市场，目前是否有更多的机会给像Firefox、Google的Chrome或者任何后起之秀，让它们冒更大的风险并且掀起另一波创新的浪潮？仅个人电脑和网络浏览器背后的历史就有值得写好多本书的故事、决策、启发和奇闻，这些内容无法在此详述，时间轴上一个快乐的小圆点所包含的信息就更少了。[30]我的意思是在任何时间轴上任何范围内都有成百上千个类似的点，每一个都有它自己的令人惊奇的故事和教训。你可以放大这个故事，比方说苹果公司的，接着再放大任何涉及的产品和人物，最终将获得一整套全新而深入的理解和启发。（试试用 *http://www.folklore.org* 作为一个很棒的开始。）

但关于历史，这么多就足够了：探究过去的创新为什么成长为主流是一回事，而在目前的不确定里进行创新又是另一回事，我们将在下一章探讨这个问题。

---

[30] 关于施乐PARC，参考Michael Hiltzik所著的《Dealers of Lightning: Xerox PARC and the Dawn of the Computer Age》(Collins, 2000)；关于苹果Macintosh，参考Steve Levy所著的《Insanely Great: The Life and Time of Macintosh, the Computer That Changed Everything》(Penguin, 2000)；关于个人电脑的一般性内容，参考Paul Freiberger和Michael Swaine所著的《Fire in the Valley: The Making of the Personal Computer》(McGraw-Hill, 2000)。

第3章

创新有方法

> 定义创新是驶向未知的冲动。
> ——佚名

很多年前,每周二早上,我的化学课老师 K 先生,会步履蹒跚地走进高中科学实验室,打开保存化学实验品的柜子,开始进行人类已知的最具破坏性的化学实验。他会非常勇敢地重复这些好像燃放烟花爆竹一样的实验,全然不顾烧焦的桌面以及吓坏了的学生,直到自己筋疲力尽或者"弹药"用光。演示之后 K 先生就会要求我们按着他的实验过程自己照做,接着就一阵风般地离开屋子,一直要等到下周的同一时间才会露脸。直到现在,我还对诸如本生灯(Bunsen burner)这样的材料燃烧实验设备和玻璃样品瓶心存恐惧,但是正如这些实验深深地刻在我的脑海里,我记住了一个所有创新都孜孜以求的重要概念:方法学(如图 3-1)。

图 3-1. 一位自然科学课教师正在演示方法学的概念。

方法,根据《美国传统词典(American Heritage Dictionary)》的解释,就是系统性地完成某件事情的途径。从 K 先生的课堂内容我得出这么个结论,那就是假如某个人某天晚上无论多晚出来,无论他在汽车里睡着之前光顾过多少酒吧,只要他虔诚地按照化学的方法公式,也可以一样毫无风险地重复实验,得到跟 K 先生相同的结果。尽管 K 先生的那些实验看上去很危险,可从来没有学生在他的演示过程中受伤。K 先生宣称,恒定不变的科学定律的力量,就在于它们具有超乎所有人类已知事物的一致性,即在相同的条件下总是得到相同的结果。

但是生活的范畴比科学更大。生活中我们想要的东西,要比在化学实验里混合难闻的粉末或者把曼妥思(Mentos)糖果扔进大瓶健怡可乐(记得试试这个,但一定要在室外)[1]复杂得多。与学校的作业不同,我们并不想在生活中每次都得到同样的结果。创新就是要创造新的东西,是带有探索性质的科学——即对知识的发现——完全不同于 K 先生在实验室进行过的那些实验。一个真正的实验至少要包含一个未知的变量,而实验的目的就是要看看这个变量究竟会造成怎样的变化。比方说,如果你在水下扔几个磁化的保龄球,或者在太空里油炸一袋奶油夹心蛋糕卷会发生什么事情?没有人能够知道确切的答案,你得自己动手去试验。

通常有了新主意是一回事,动手尝试看看这个主意行不行是另一回事,比较没意思的就是按照别人给你规定好的规则去做,这些规则安全并且被充分实践过,设置这些规则的人可能还是个喜欢玩火的教师。真正的试验是有危险的,就像生活本身也包含危险一样:想想居里夫人,她发现了辐射,但却因为受到大量辐射而罹患癌症,献出了生命;另外,每年都有很多整天泡在实验室里的人,为了探索新主意不得不承受许多痛苦。进行创新是有代价的,这个代价或许是金钱、时间、健康、朋友或者婚姻,反正肯定得为了创新有所付出。

---

[1] http://eepybird.com/dcm1.html。

简单地说，方法学（methodology）的神话就是相信创新是有章可循的，相信方法学可以剔除探索新想法过程中的危险，就像K先生用令人困惑的奇怪规则指导我们安全地做实验一样。这种想法很能迷惑人，就像人们在潜意识中愿意相信诸如省时工具、美味但低脂的大餐（哈）、五个步骤解决某某问题都是真的。就像其他神话，这种幻想要比事实卖得更快，这就解释了为什么电影、小说和广告都爱表演这些幻想。不过根据经验、确定性和事后总结，我们知道不可能的事情是决不会发生的。我们知道那些"只要你足够幸运或者如果你读本流行的书可能就行了"的说法不可能是好的理由。不可能存在一个途径可以避免创新活动中的所有风险。成立一个公司，按一个新想法进行开发，甚至改变别人的想法都需要投入资源，而这些投资是没有回报保证的。即使是科学方法，那些无处不在的"尖端科学"的幕后流程，也不能保证成功——想想"阿波罗十三"或者"挑战者号"航天飞机的灾难。而且资深人士或明星执行官创造的方法无一例外比预期效果差，所有历史上最伟大的发明都有比成功更多的失败记录。尽管可以给创新找到好的建议，但是肯定不是方法学。

对方法学神话或者任何其他东西的信心，能够鼓舞人们克服恐惧。但是千万别把鼓舞和执行混淆起来——激情和自信是工作的动力，但它们并不能保证成功。

创新如何开始

创新者被问得最多的问题是"你是怎样开始的？"创新的起点激发我们的好奇心：爱迪生是什么时候想到灯泡的主意的？Google的创始人是怎样描绘一个更好的搜索引擎？每个人都想知道灵感是从哪里来的，但因为人们无法想象灵感来自于多年的劳作，他们就认为这是个秘密——创新的起点都隐含着一个具体而突出的要素。就像我们不停地想要解释事物的起源一样，我们渴望寻找到创新起点中包含的灵感。

就是这样的渴望诱使其实挺聪明的人去研究迈克尔·乔丹的早餐，达·芬奇或爱因斯坦的午睡习惯，或者李纳斯·托瓦兹(Linus Torvalds，Linux 操作系统的创始人)挑选的内裤款式。[2] 当然这些无关紧要的细节只是举例说明本书的意图，读者也能够一眼看明白，但是对那些我们崇敬的人，我们都想过类似荒谬的问题。我曾经研究过海明威用哪款打字机和莎士比亚用哪款墨水来写他的那些戏剧。梦想是没有逻辑的：当我们跟着情感走的时候，我们同时发现令人惊叹和荒谬的事情，但是要花时间来区分什么是令人惊叹的，什么是荒谬的，或者认识到两者其实是一回事情。

无节制的、梦幻般的好奇心之所以存在，是因为我们期望重复运用别人经过验证的灵感，试图借用他们的创新开端，改头换面地运用在我们自己的生活中[3]，而不是开创我们自己的创新起点。当然，至少在这本书里是避免了这个错误，我们知道从别人经验里得来的细节是不大可能一举扭转我们自己的局面——那些对于别人在他们那个时候有用的，不见得对其他人管用。比如，想象一下，假如亚力山大大帝出生在冰岛或者苹果电脑的史蒂夫·乔布斯身在中世纪的法国，他们的"灵感"在那些环境中还怎么能够有效？在任何一个成功的故事里面都有无数的要素，但是只有有限几个属于作为个体的创新者自己。

博·皮博迪(Bo Peabody)，Tripod（1998 年的第八大网站）的创始人和风险投资人写道："运气只是生活的一部分，每一个人，此

---

[2] 我不知道 Linus 穿哪种内裤，但是我猜他不穿：*http://en.wikipedia.org/wiki/Linus_Torvalds*。

[3] "人不做出最后承诺，就总会犹豫，总有退缩的机会——想想所有开创性的举动，其中都有一个关键的事实，如果忽略它就会让所有想法和绝妙计划夭折。这个事实就是当一个人完全下定决心的时候，神灵也乐于助之。此时各种事情都朝着有利的方向发展，而在此之前是不可能的。各种事件汇聚成流，以意外惊喜、诸事齐备和物质支援帮助人们实现做梦都想不到的好事，给人以各种形式的帮助。无论你能做什么，或者说梦想自己能做什么，开始做吧。大胆包含着天赋、力量和灵感。现在就开始。"这段话通常被误认为是歌德所说，但实际上它出自于威廉·哈钦生·莫里的《The Scottish Himalayan Expedition》（*http://german.about.com/library/blgermyth12.htm*）。

时或彼时,皆有运气。对于生意来说,运气占很大的部分。而对于创业生涯而言,运气是最大的部分。"[4] 认识到这些不可控的因素有助于我们停止对英雄成就的细节的顶礼膜拜。只有当我们克服浪漫的想法,把创新者看作像我们一样的平常人,也会受到类似的制约和环境影响,才能从历史学习中获得力量。

我所读过最好的关于开始创造性工作的建议来自于约翰·凯奇(John Cage),他通常被认为是20世纪最具有创新精神的作家[5],他说:"只要开始创新,你从哪里开始都没有关系。"他的意思是说不可能有一个完美的起点:只有当你开始之后——无论开头有多粗陋——你才可能评估你所完成的部分,并在此基础上继续构建、更改重点或者总结过程中获得的深刻见解和观点,从头再来。创新的最佳比喻是探险,就像麦哲伦或者库克船长,如果你把自己的航行局限在别人已经到过的地方,你就不可能有任何新发现。

创新的种子

关于创新开端的老话是真的。创新的历史已经足够长,一些名人名言就包含了某种程度的真相,从柏拉图著名的"需求是发明之母"到爱默生的"做个更好的捕鼠夹会让大家纷至沓来"。[6] 陷阱和诡异之处在于,证据可以支持某种观点,但另一种观点也可以找到同样有说服力的其他证据。发明和创新都有很多成因:因为悲伤修建的泰姬陵,出于爱设计的巴比伦空中花园;[7] 纽约帝国大厦的建造是为了彰显自我,而同样位于纽约的布鲁克林大桥的架设则是出于自豪。随便说出一种情感、动机或者情况,你都会找到一个源于它的创新。

---

[4]   Bo Peabody,《Lucky or Smart》(Random House, 2004)。

[5]   http://en.wikipedia.org/wiki/John_Cage。

[6]   我们会在第8章看到或许爱默生从来没这么说过。

[7]   巴比伦空中花园是世界七大奇迹中一个有争议的项目,它可能从来没有存在过:http://ancienthistory.suite101.com/article.cfm/the_hanging_gardens_of_babylon。

然而，对事情的起源分类还是有简化作用和感召力的。我曾经对本章中创新方法学的想法非常排斥，虽然其中也有一些可以用的模式和框架，但我只是认为它们更像是一些外围的结构——轻量级的可以被拆开重新组合的东西——而不是基石。读过几百个创新背后的故事之后，一些共同的模式就逐渐显现，在这里这些模式被分为六种类型。

图 3-2. 修建泰姬陵需要几项创新，所有这些都源于一个失去妻子的皇帝的悲伤。

在某个特定领域努力工作

创新主要来自于为了解决一个明确的问题而专注在某个领域里面的努力工作。这不性感，也不会被搬上银幕，但这是事实真相。他们的起点很普通：在 DNA［沃森和克里克(Watson 和 Crick)］、Google［佩奇和布林（Page 和 Brin）］和电脑鼠标［恩格尔巴特（Englebart）］的案例里面，创新者们花时间总结问题，列举可能的解决方案，然后开始试验。同样的叙述可以在电视机［法恩斯沃思（Farnsworth）[8]］和手机［库珀（Cooper）］的起源里面找到。

---

[8] 单一发明人是罕见的例外，我们会在第 5 章讨论这一点。对于所有这些发明，其他人也宣称拥有部分发明权。电视机的历史已经写入好几本书，它是 20 世纪最复杂和流传最广的创新故事之一。

通常，艰苦的工作会持续数年。卡尔森（Carlso），复印机的发明者，进行了几十年忘我的工作，才使得施乐生产出了第一台复印机。[9]

努力工作加方向调整

许多创新在开始时也跟前面提到过的一样，但是在工作的半途出现了没有预料到的机会，创新就转向这个新出现的机会。在经典的便利贴（Post-it Notes）的发明故事里，3M公司的阿特·弗莱（Art Fry）无意之间发明了不干胶，但是他没有把它束之高阁，相反，他寻思：这个东西也许有点什么用处吧？阿特·弗莱把这个胶水放在手头好几年，经常拿出来问问朋友或者同事这个东西是不是对他们有用。几年后，他发现一个朋友想要可粘贴的纸片用于音乐记谱，于是就诞生了便利贴。特氟隆（开始用作机械润滑剂）、袋泡茶（最初茶袋只是用来打包零碎的茶叶样品）和微波炉（意外地从一个雷达上拆下来的）都有类似的起源故事。被忽略的是，这些被认为是"意外"的发明是由于勤奋工作和坚持才成为可能的，否则如果只是坐等，这些都不会发生。

好奇心

很多创新开始于聪明人追求个人兴趣，动机是为了消磨时间、学习新东西或者找乐子。中途某个时候，突然有了把"好玩"变为实用的主意，全身心投入工作，余下的部分就被写入了历史。乔治·德·梅斯特拉尔（George de Mestral）发明尼龙搭扣（Velcro）是因为在一次徒步旅行之后，他发现有一些表面有倒钩刺的种子粘在他的衣服上面。他很好奇这些种子是怎么粘上来的，就把种子放在显微镜下面，做了几个试验。像达·芬奇一样，他在大自然中找到了灵感，而他设计的尼龙搭扣就是基于扣在一起的钩子和线团，就像有倒钩刺的种子和衣服（在自然界中寻找可以重用的模式称为仿生学）。李纳斯·托瓦兹开发Linux只是作为一个嗜好：学习

---

[9] http://www.invent.org/hall_of_fame/27.html。

软件开发并尝试动手写自己的软件。[10] 与方向调整的案例很像，某个时候，好奇心的产物的可能用途被发现了，这时就要作出选择，是调整方向去开发实际用途，还是跟随好奇心做别的事情。

财富和金钱

也有不少发明是以赚钱为动机的。彼得·德鲁克（Peter Drucker）相信托马斯·爱迪生最初的目标是当一个工业巨子，而不是一个发明家："他的真正雄心……是成为一个商人和巨头。"[11] 德鲁克也解释了爱迪生在商业上是一塌糊涂的，但是他的发明是如此的杰出——以至于抵消了他的企业失败的负面影响，而他的管理方法在今天还被效仿，特别是在硅谷的公司和风险投资公司。

手中握有一项创新的想法，但没有转化成产品，这只算是创新的一半，很自然地就会想要出售这些想法：让别人承担完成这项创新的另一半（产品实现）的风险。与理想主义的目标诸如革命或者改变世界不同，重点是要收获财富，让这些想法不受各种不确定因素的干扰，转换为成果。20世纪90年代互联网泡沫的繁荣和破灭，就是在新兴公司为了让成熟公司收购自己的创新或者伪创新的驱动下产生的。很多案例中，新兴公司因为没有支撑到被收购而破产了，或者成熟公司仅仅是为了保护自己更大的保守商业计划而收购新兴公司并搁置他们的点子，以避免他们潜在的竞争或者干扰。

很多伟大公司的创始人一开始只是为了向更大的企业出售他们的点子和设计，只是由于没卖掉，才在犹豫中选择自己来做的。Google曾试图把点子卖给雅虎和AltaVista，苹果想把自己卖给惠普和Atari，而卡尔森（复印机发明者）则试图向每一个他所能找到的公司出售自己的点子。

10　http://www.redhat.com/docs/manuals/linux/RHL-6.2-Manual/getting-startedguide/ch-history.html。

11　摘自《Innovation and Entrepreneurship》，第13页。

需求

创新的浪潮来自于个人需要某个东西但找不到。克雷格·纽马克(Craig Newmark), Craiglist.org的创始人,曾经需要和朋友们分享一些本地活动的消息。一开始他们使用邮件列表,后来由于列表太受欢迎了,很多朋友以外的人也订阅了邮件列表,随着订阅人数不断增加,列表的管理难度也越来越大,最后就发展成为了今天我们所知道的网站Craiglist.org。类似地,麦当劳只是创始人为了简化他们的本地自制汉堡包标准,而开发的一个速食生产系统(Ray Kroc后来买下了这个公司,然后把它发展成了今天的国际品牌)。一些改变世界的创新经常是从朴素的想法开始的。

组合

大部分创新都综合了上述的多个特点,把这些特点孤立起来看是很不明智的。想象一下有个创新是从好奇心开始的,然后创新者努力工作,但是由于对财富的追求而改变了创新的方向。然而中途改变之后,由于得到意外之财(比方说,中了彩票大奖)满足了财富的需求,创新者带着新的看法和动力又回到原先的方向。这个故事里面去掉任何一个因素都可能导致创新失败——或者可能导致创新的成功。在很多创新故事里面,我们都禁不住地想:如果一开始的"灵感"没有出现,那么创新者会有其他的起点吗?无论是什么样的起点,所有的创新都克服了这样或那样的挑战,而研究这些会揭示比创新起点本身更多的经验教训。

创新的挑战

史蒂夫·乔布斯,苹果和Pixar的创始人,曾被问道:"你是怎样将创新系统化的?"(一个CEO和商业团体经常被问到的问题。)他答道:"你不能。"[12]这可不是《商业周刊》的读者所期待听到的

---

[12] http://www.businessweek.com/magazine/content/04_41/b3903408.htm。

答案,但是愚蠢的问题通常得到令人失望的回答。这个问题就像问如何控制天气或者放牧猫咪一样荒谬,因为天气和猫咪与创新当中的变数一样难以控制。乔布斯,或者任何CEO,可能有个系统用来试图管理创新,或者说有个战略来对新想法进行风险管理,但这离对某件事物进行系统化还差得很远(甚至乔布斯在Apple Lisa电脑、NeXT公司和Macintosh便携电脑上的传奇般失败也证明了这一点)。我们不会把任何失败率达到50%的东西称为系统,对吧? 工程设计和实施保证了波音777飞机的喷气引擎可靠性达到99.99%——那才是一个系统和一种方法学。创新的确要比工程设计和实施的风险高,但这并不意味着我们可以随便地使用诸如系统、控制或者流程这类词汇。

一个能得到有用回答的更好的问题是:创新面临什么挑战?尽管成功无法预期,但挑战还是能被确定下来并被用作完美工具。任何成功的创新都可以拿来研究,看它们是如何克服这些挑战的,而且对所有正在进行当中的创新,都可以用这些已知的挑战来进行管理,看看它们是不是已经有了应对这些挑战的准备。

通过对古今创新的再次全面分析,我将创新面临的挑战归结为8个类别:

1. **发掘一个想法**。想法可以从任何地方来:专注的思考,白日梦,个人碰到的麻烦,其他人的观察,一个偶然机会,或者是对世上某些东西的研究结果(见第6章)。这个想法可以是你想解决的问题,或者只是你想继续下去的一个试验(以期望发现这个试验到底能解决什么实际问题——这种情况经常被称为"在寻找问题中发现解决方案")。

2. **开发一个解决方案**。想法是一回事,一个可行的解决方案又是另一回事。莱昂纳多·达·芬奇在16世纪就画了个直升机的草图,但要经过几个世纪,等到空气动力学和引擎发展之后,才具有做出一个可行的原型机的可能。实现想法比产生想法需要更多的努力,而且困难的是只有你尝试后才知道这个"更多的努力"到底是多少。在开发新事物的时候,譬如技术或者银行账户,人们都出奇地倾向于失望,这就把可怜的创新者送回到挑战1:一个大想法需要很多的小想法来支持。或者,一个想法必须收缩范围以集中焦点、明确边际、具备可行性。

3. **赞助和投资**。你会怎样为项目融资,包括挑战2?如果你为别人工作,你可能需要许可或者政治影响力。创新管理——从MBA的角度来说——就是发现、与之一起共事并且取悦赞助人,或者把创新根据赞助人的政治氛围和目标进行定位。如果你自己单干,你就需要投资人或者银行贷款,那么你必须把创新的挑战2做到足够程度才能说服这些人为你投资。

4. **可复制性**。大规模生产是很困难的:你也许设计了一个更好的捕鼠夹,但是你能够用足够低廉的成本生产50 000个这样的捕鼠夹并且保证利润吗?跟做出某一件东西不同,做出成千上万件是不同的挑战。软件和新技术对创新者很有吸引力是因为它们的大量生产比较容易(DVD是很容易复制生产的,同样网站和服务器也是),但这些东西面临扩展性的问题,比如足够的带宽、速度或者令客户满意的服务。廉价的复制还会产生"噪音":低成本就意味着竞争者的数量很庞大,这就让客户很难找到你。

5. **找到你的潜在客户**。一个想法在为人所知之前并不是一个创新。有的人对这点很不以为然,声称自己"不做市场宣传"。事实是很多创新失败仅因为创新所针对的目标人群对此一无所知。一些伟大的创新曾经被埋没了几十年,直到有人找到办法让需要的人了解到这些创新的存在,创新才获得新生。轮子、蒸汽引擎和冻干食品都是公元前100年就存在的创新,但许多创新者花费了几个世纪才把这些创新变成每个普通人都可以使用的东西。迪克·泰雷西(Dick Teresi)所写的《Lost Discoveries》详细列举了数十个被文明社会遗忘了几个世代的创新——都是市场宣传或者沟通的失败,而不是技术的。

6. **击败竞争对手**。当你在为应对创新挑战 1 到 5 而埋头苦干的时候,你不会是唯一这么做的人。史蒂夫·乔布斯(苹果)不是唯一的个人电脑制造者,比尔·盖茨(微软)不是唯一拥有操作系统的人,杰夫·贝索斯(Amazon.com)也不是第一个开网上书店的人。每一个成功的创新者看到的机会别人也看到了,而这些人之所以成功就是因为在竞争对手还没清醒的时候就击败了他们。任何时候,对于每一个突破,都有很多天才的动力十足的人在争夺。明智的创新者为了合作、激发灵感或者了解对手策略,都会留意同行的工作。

7. **时机**。你的想法了不起,但当它实现的时候社会文化能够接受吗?革命性的想法会给人们带来太大的改变,超乎他们的应付能力。创新常常需要使用现有的术语来解释说明,这就是为什么汽车功率用马力来评级,电光亮度用蜡烛的流明(蜡烛的亮度)来表示。一个太过超前的想法的风险在于,不管它怎么定位,都不会符合现时的利益和关注。时机也是一个要素:当你宣布你的创新时,新闻会怎么报道?随后会发布什么组件来让创新更完善?在你发布的时候其他的参与者和竞争者会有什么反应?

8. **保持平常心**。当你在处理上面所列的创新乐趣的时候,日常生活账单还是照常送来,平常生活里面的种种事情依然每天发生。作为一个创新者,你依然还要处理其他的很多事情,创新并没有给你"自由自在不履行其他职责"的豁免权。

创新的概率

对于创新困难度的粗略计算,先让我们假设每个挑战都有50%的可能性获得成功(给出的数据针对一般情况而言)。因为应对一个挑战的成功依赖于前一个挑战也成功,所以克服所有挑战的可能性就如下式所示:

50%x50%x50%x50%x50%x50%x50%x50%=.390625%

结果还不到1%。当然,如果你的创新只是需要说服你的朋友们尝试一种新的扑克打法,或者是说服你老板换个方法开会,你可

> 能只需要面对两个挑战（而不是全部8个挑战）。如果你有更好的技巧、经验和团队成员，胜算可能会高点。但梦想和激情，对抗概率的豁免率（saving throw），都会消退[1]。并且，正如Han Solo所说："别跟我谈胜算。"[2]

[1] "*saving throw*"是从角色扮演游戏得来的一个词汇，在游戏里面角色有一定的幸运值，这个值由角色的智慧和魔力决定，可以避免角色人物碰到糟糕的事情。参见 http://en.wikipedia.org/wiki/Saving_throw。

[2] 引自《帝国反击战 (The Empire Strikes Back)》，http://imdb.com/title/tt0080684/quotes。

创新的无限之路

尽管有这些挑战，可喜的是依然有很多的方法可以成功。我们是幸运的：人类文明已经创造了这么多伟大的事物，克服了所有可能导致这些事物失败的因素。但是，在某一时刻哪条路可行或者不行都是未知的。上周可行的方法并不能保证今天仍然可行，一项过去已经失败的创新可能正好是现在可以做成功的事情。即使在专家或者创新者自己的眼中，创新的成功也还是具有高度的不可预测性，正如三个看似做不到但最终成功的故事：Flickr、3M和Craigslist。

2002年夏天，温哥华的一个程序员小团队在开发一个叫做Game Neverending的在线游戏。他们的想法是开发一个非常有趣非常好玩的虚拟世界，让玩家愿意在游戏上面投入时间和金钱（有点类似于今天流行又令人上瘾的《魔兽世界》）。开发人员的目标之一是要让游戏中的玩家的交流非常容易，甚至要比玩家在现实中身处同一房间的交流还要方便。他们写了个简单的工具让玩家可以聊天、收发即时消息以及共享照片。那时这个工具只是这个大项目的一个小零件，没有引起大家更多的兴趣。

几个星期之后，这群程序员意识到他们开发的照片共享工具是比那个游戏本身更有前途的生意。这个工具用起来很有趣，并且在加以改进之后，提供了一些甚至连专业照片共享工具都没有的新功能。由于游戏没有最终完成，并且项目的财务状况在2002年科技板块低谷时期陷入了窘境，开发团队做好了承受风险的准备，改变了开发的方向。到2003年，这个工具以"Flickr"这个名字发布，而且迅速赢得了大批忠实用户。由于Flickr的设计与商业模式的要求并不契合，这样就使得Flickr不必受已有商业模式的约束，可以用现存竞争对手想都没想过的想法给客户提供高质量的服务。正如Flickr创始人之一卡特丽娜·菲克（Caterina Fake）所评价的那样："假如当初我们坐下来说，'我们来开发一个照片应用程序吧'，我们可能就失败了。"[13]因为他们可以不受约束自由地设计一个照片应用程序，所以这个程序员团队可以设计一些独一无二的东西。尽管Flickr本身可能还没有赢利，但它的技术、设计和忠实用户群已经有足够吸引力让雅虎来收购它——尽管雅虎已经有自己的照片共享服务。

Flickr的老兄们做到了两件关键的事情。第一，他们认识到了当时那个照片工具预期之外的价值。第二，他们决定做出巨大的改变并从一个不同的方向重新开始。矛盾的是做这两件事情的机会是在做别的事情当中发现的：开发一个电脑游戏。没有什么方法学能够在这一时刻，指导人们放弃一个开发方向并转换另外一个方向从头再来。如果这个团队继续开发他们的那个在线游戏，或许也已经取得了成功，那么在这本书里我写的就是游戏的案例，而不是Flickr了。

找到"从好奇走向创新"的类似故事是容易的。如今，众所周知，Google允许员工将20%的工作时间用来研发自己的项目，希望以此能够号召更多Flickr式的创新。但是Google远非第一家提供这类激励的公司。3M，这家拥有大量产品线的著名公司，早在几十年前就开始了员工自选项目的实践，它的成功自身就是一个精彩的故事。

---

13 *http://www.usatoday.com/tech/products/2006-02-27-flickr_x.htm*。

3M

3M 的前身是成立于 1902 年的明尼苏达矿业和制造公司 (Minnesota Mining and Manufacturing Co.)，在地下开采矿石用来制造砂轮：相比后来成为可爱的黄色便利贴厂商，这是一个最令人出乎意料的起点。[14] 公司最初挣扎了 15 年才赢利，归功于他们高质量的砂纸产品线。到 1925 年，理查德·G. 德鲁(Richard G. Drew)，一位实验室助理，需要一种透明的东西来给物体标注边界：具体讲，是给预备刷双色的汽车用，[15] 因为很难标记两种颜色间的边界。在用他自己的时间做了些实验之后，透明胶带诞生了，并且从此改变了 3M 公司的历史。[16] 威廉·麦克奈特(William McKnight)，3M 的总经理，从德鲁的经验中看到创新来自于底层的探索前沿。在他的领导下，3M 形成了不拘一格和勇于试验的企业文化，进而公司创造了年销售额达 200 亿美元的惊人业绩。[17]

Craigslist

最后一个创新之路的故事发生在 1995 年，那是互联网时代开始之前的黎明时分。克雷格·纽马克(Craig Newmark)，一个旧金山的软件工程师，需要一个办法跟他的好友们分享本地一些特别事件的信息。[18] 刚开始他使用电子邮件，很快邮件数量变得非常多，就需要一个邮件列表让大家收发而不至于觉得麻烦。那个时候，有

---

[14] http://solutions.3m.com/wps/portal/3M/en_US/About/3M/。

[15] http://web.mit.edu/invent/iow/drew.html。

[16] 根据传言，透明胶带的原型产品在客户那里失败得很惨，客户狠狠地挑出许多毛病。Drew 被告知最好拿着他的胶带回去找他的"Scotch"老板，多弄点胶在上面。Drew 保留了"Scotch"这个名字，并且 3M 就用"Scotch tape"作为透明胶带的商标。

[17] William McKnight 在 1948 年的一次演讲中总结了自己的管理哲学，用三段话概括了一套简单的理念，如今的经理人很少有勇气将这些理念付诸于实践。参见 http://www.answers.com/topic/william-l-mcknight。

[18] http://www.craigslist.org/about/mission.and.history.html。

很多商业化服务可以用来做这件事情，包括报纸、新闻信件和社区的告示栏，但邮件列表却由于它的信息化和不收费特性，成为一种非常受欢迎的信息分享方式。到1997年，Craig正式宣布了邮件列表的非商业化性质，旨在保护它的真实性和简洁性。直到1999年，Craig才决定把自己工作的重心放在Craigslist.org上面。如今，它已经是旧金山和美国其他主要城市用作职位发布和社区联谊活动的最有效的网站之一，而且每个雇员产生的收益超过了大多数主要科技公司（2010年30位员工获得的收益是1亿美元[19]），更不要说作为一个列表网站已经让一些美国主要报社关门歇业了。如果你在上面所述这些创新专家和作者所处的时代碰到他们，他们之中没有一个人会预计到今天的这些成就。在以上三个案例里面，普遍的认识会武断地认为照片软件、办公室产品和分类广告在那个时代已经是高度饱和的商业市场，没什么赢利的机会了。但是站在今天来看（如同我们在第2章了解到的），似乎是这些市场太成熟了以至于改变是不可避免的。

寻找创新之路

在没有地图的时候，态度会有帮助。任何良好的生存训练都不会只教生存技巧，也会教求生的思考方式。创新和生存的比较是很合适的，根据比较结果，以下是关于提高胜算的途径的思考方式：

- **认识自我**。每个艰难的抉择都是部分地根据创新者怎么认识自我作出的：没有一个人有自己相信的那么有逻辑性。要意识到周围环境或者挑战可以激发你根据性格里面的优秀素质作出最明智的选择。最佳商业机会可能是个性里面最不感兴趣的挑战，也可能正好相反。了解自己，了解自己的团队，是一项巨大的优势并且可能在选择面前指导抉择。假以时日，自我认识总是可以变成明确的了解和可用的资产。这在创新的许多不确定性当中，是为数不多可以得到这样结果的一项。

---

[19] http://37signals.com/svn/posts/2283-ranking-tech-companies-by-revenue-per-employee。

- **有趣的失败也是回报。**如果你正在探索未知领域，就会遭遇失败。对待失败有一个积极的态度变得很关键（这不是说鼓励犯愚蠢的错误）。但任何错误都会教给你一点东西，或者某位与你共事的人，某件不经实践就明显无法预知的事情，都是有价值的课程。正是这种态度，在所有伟大的发明家身上都可以找到。他们将尝试和从尝试中学到的东西都看作给自己的回报，而不仅仅看重成功。

- **有激情而非一意孤行。**很多成功的创新者工作时很有激情，但经常退后一步自问，"现在周围世界发生的事情对我的目标有什么冲击？"或者"我的工作还有什么其他的可用之处？"创新的动力来自于两者的结合，即一方面要充满激情，另一方面又要乐意重新考虑各项假设前提，把走入死胡同的可能性减到最小，将发现更好途径的潜力扩到最大。如果去问最坦诚的朋友们，他们可以给出他们的观点——你只需准备好听逆耳忠言。在一个想法上年复一年地工作之后，一个人很难会再有勇气置疑自己的工作，重新思考，并再次以不同方向全身心地投入工作。

- **循序渐进。**没有专利是在一个小时之内写成并申请的，没有交响乐是在一夜之间谱写的。改变世界或者变革工业的想法的确激动人心，但如果把这些雄心壮志作为创新的出发点就非常不明智了，因为这些东西远远不是任何个人的能力能够控制的。事情都是相通的，明智的做法是尝试解决某个熟悉领域的特定问题，然后随着成功的积累再提高自己的目标。很多改变世界的想法不过是从很小的起点开始，是从问一些小问题开始的，例如："我能把它弄得更好吗？"优越感和雄心壮志应该用来推动创新的进程，而不是让你错过身边普通的绝佳机会。

- **承认运气，不沉迷于昨日的成功。**自大的创新者总把一个成功的故事重复一遍又一遍（还要对着他们的那些可怜的竞争对手重复）。这样的创新者从没有勇气去尝试一些新的事物或者承认他们过去的成功有运气的成分,他们把现在大量的时间都花在了谈论过去上面。承认运气并不会贬低一项成就:它只是向别人说明你可能会把任何事情做对或者做错,可能会做成功或者做失败许多事情。最伟大的创新者从来不隐讳自己的成功得益于运气、机遇和前人所做的牺牲。伊萨克·牛顿写道:"我是站在巨人们的肩膀上"[20],而爱因斯坦说:"那些从来没犯过错误的人也从来没尝试过新事物"。也许创新者最令人尊敬的品质是他们直面未知的勇气,尽管未知是我们每个人都碰到过的。那些失败了但却拒绝放弃的创新者远比那些有"魔术般"成功创新故事的人更杰出,后者无非是不愿承认有些事情同样让他们心存恐惧。

---

[20] 这句引语的谦虚语气几乎是假的。牛顿狂妄自大并且可能还患有精神疾病,经常习惯性地用冒傻气的模仿表演来嘲弄他的对手。

第 4 章

大家喜爱新想法

想象现在是1874年,而你刚刚发明了电话。在和你的朋友沃森(Watson)拍手欢庆之后,你前往西联(Western Union)公司——世上最伟大的通讯公司——去展示你的成果。尽管你的演示很精彩(在发明PowerPoint一个世纪之前),西联公司的人还是拒绝了你的发明,把电话称为没用的玩具,然后把你请出了门外。你会放弃吗?假如接下来你去拜访的5家公司也拒绝了你?数量增加到25家公司呢?再过多久你会对你的发明丧失信心?

幸运的是,亚历山大·格雷厄姆·贝尔(Alexander Graham Bell),电话的发明人,并没有把西联公司的人说的话当回事。[1]他开创了自己的事业并且改变了世界,为今天你口袋里移动电话的出现铺平了道路。类似的故事围绕着像Google的创始人拉里·佩奇和塞吉·布林这样的创新者,他们的网页排名顺序算法想法被当时主流的搜索公司AltaVista和雅虎拒绝了。乔治·卢卡斯最初的《星球大战》电影剧本被好莱坞各个主要的电影公司用各种方式拒绝了,只有一个公司除外。还有,别忘了爱因斯坦的$E=mc^2$,伽利略的太阳中心论和达尔文的进化论都被全世界的专家嘲笑了很多年。

历史上每个伟大的想法都被当面拒绝过。对于这一点今天的人很难理解,因为一旦想法得到认同,我们就轻松地接受,让它们不必再艰难地前进。如果你摸摸任何一个创新的表面,你就会发现伤痕累累:在大众和精英接受新想法之前,这个想法被粗暴地打压过。保罗·C. 劳特布尔(Paul C. Lauterbur,因参与发明核磁共振成像而获得诺贝尔奖),解释道:"你可以用被《科学》和《自然》杂志

---

[1] 贝尔通常被认为是电话的发明人,但正如你将在第5章了解到的那样,事情没那么简单。Elisha Grey、Philipp Reis、Innocenzo Manzetti还有其他人也类似地声称自己发明了电话。有关所有可能对电话发明做出贡献的发明家按照年代编排的记录,可以参考 *http://en.wikipedia.org/wiki/Invention_of_the_telephone*。西联确实拒绝了贝尔的提议,但不清楚他们的拒绝有多坚决。(就算他们看出了这项发明的潜力,但在那个时刻告诉贝尔是一件明智的事情吗?)

拒绝的论文来写过去50年的整个科学史。"[2] 各个领域的伟大思想在它们改变世界的路途中都经受了拒绝、嘲讽和迫害（对想法和想法的发明人）的考验。许多经典文学名著，包括詹姆斯·乔伊斯的《尤利西斯》、马克·吐温的《哈克贝里·费恩历险记》和J. D. 塞林格的《麦田里的守望者》都曾被禁止出版，苏格拉底和柏拉图这样的伟人甚至干脆拒绝书籍。[3]

对新想法的喜爱是一个神话：我们只偏好别人已经验证过的想法。我们分不清真正的新想法和已经被证明的好想法，只因为新想法碰巧对我们而言是新的而已。即使是创新者他们自己也读电影评论、参考Zagat餐馆排行榜和去宜家购物，以减轻构思新想法带来的负担。你是怎样选择你的公寓、你的信仰甚至是这本书的？我们一直都在重复使用想法和见解，很少完全投入真正的新想法的怀抱。但是我们应该为此自豪：这是聪明的做法。为什么不重复使用好的想法和信息呢？为什么不利用别人已有的结论，来有效地分辨什么是又好又安全，什么是又坏又危险的呢？创新是昂贵的：没有人想要在第一时间为看起来还没完全准备好的想法买单。

对新事物的恐惧有利于进化。那些冲动地跳过每个新发现的深沟或者只吃外表看起来很吓人的植物的祖先很快就牺牲了。我们愉快地让英勇的人物如麦哲伦、伽利略和尼尔·阿姆斯特朗代表我们承担了脑力和体力上的风险，从一个安全距离远远观望，一旦看明白结果就决定跟随（或者逃离）。创新者是生命的试验先驱，把握了重大的机会，这样我们就不必自己动手。甚至早期的试用者，那些迫不及待尝试最新事物的人，顶多也只是冒险消费者，而不是创造者。这些试用者跟创新者一样，在不明朗的想法上面冒同样的风险。

[2] Kevin Davis，《Public Libraries of Science Open Its Doors》，出自《BIO-IT World》(2007年2月刊)，*http://www.bio-itworld.com/archive/111403/plos/*。

[3] 柏拉图，《斐德罗篇》(谈话录)，*http://classics.mit.edu/Plato/phaedrus.html*。在这段对话中，使用书籍——而不是口头语言——的危险被作为辩论的主题。他们害怕人们因为采用了书写的技术而变得愚蠢，这是在采用任何新技术时引起的那种恐惧。

创新者隐秘的悲剧是他们改善世界的渴望很少从他们希望帮助的人们那里得到相称的支持。

管理创新的恐惧

什么是可能发生的最令你紧张的事情？戏耍暴躁饥饿的小老虎？当着你的同事和岳父母的面表演滑稽戏？哦，如果你相信那些研究结果的话，研究表明最令人紧张的五大事情是：离婚、结婚、搬家、亲人去世和被辞退。[4]所有令人紧张的事情中，包括逗弄老虎，都包含了被强迫改变而受到折磨的恐惧。离婚或者新工作都要求你的生活以你不能控制的方式改变，这激发了本能的恐惧：如果你不马上采取聪明的措施，那么你会很悲惨（或者死去）。对大多数人而言，也许能够在短时间内同时经受那五种最令人紧张的事情，但忍受某一件恐惧的事情长达数月，这会让他们对生活的抱怨全部消失。

现在想象一些令人放松的场景：在海边阅读一本风趣的小说或者半夜在篝火旁和朋友喝啤酒。这些行为没有什么危险而且保证有回报。我们已经做过很多次这些事情了，而且知道其他人也曾成功和快乐地做过这些事情。这些是那种我们希望多多益善的时刻，我们努力工作才能把做这种事情的时间最大化。

创新与这些渴望互相矛盾。从一些安全愉快的已知领域进入未知领域是需要信念的。一个真正创新的感恩节火鸡菜谱或者高速公路驾驶技巧不可能没有风险。在初次尝试这些新想法的时候，能够得到什么样的好处还是未知的（或者也不知道需要尝试多少次才能走上正轨）。不管一个想法多么令人惊叹，如果未经证实的话，跟真实而缺乏想象的对改变的恐惧相比，它那想象中的好处会是苍白的。

---

[4] http://www.surgeongeneral.gov/library/mentalhealth/chapter4/sec1_1.html。

这就造成了一个不幸的矛盾：想法的潜力越大，就越难有愿意尝试它的人（关于这点的更多内容在第8章）。例如，解决世界和平和世界饥饿问题的方案可能就在那里，但是人类的本性使得人们很难去尝试这些解决方案。采用一项创新所需的改变越大，就会引起越多对改变的恐惧。

> 没有什么比率先引入事物新秩序上手更难、
> 实施更危险或成功更不明朗的了。
> 改革者有受益于旧秩序的敌人，
> 也有摇摆不定的将受益于新秩序的拥护者，
> 这种摇摆不定部分来自于对敌人的恐惧……
> 部分来自于本性的半信半疑，
> 人类不会真正信任任何新事物，
> 除非他们已经有了亲身体验。
>
> ——尼可洛·马基雅维利

创新者听到的消极意见清单

每个创新者都会受到类似的批评。虽然我没有证据,但我打赌第一个生火的穴居人，第一个使用轮子的苏美尔人，在人类历史上任何社会中做任何有趣事情的第一人，在陈述了他们的想法之后都听到过下面意见中的一条：

- 这绝对行不通。
- 没人会想要这个。
- 在实际情况下它不可能有效。
- 这不是个问题。
- 这是个问题，不过没人关心。

- 这是个问题也有人关心,但是已经被解决了。
- 这是个问题,人们也关心,但是绝对不可能赚钱。
- 这是个找麻烦的解决方案。
- 立刻离开我的办公室 / 洞穴。

有时非常聪明的人也说这样的话。肯·奥尔森(Ken Olsen),数字设备公司(Digital Equipment Corporation,DEC)的创始人,在1977年说:"任何人都没有理由想在他们的家里放台电脑。"法国的首席艺术评论家在回应埃菲尔铁塔的揭幕时说了这样的评论:"(那个)中心部分矗立出来的可悲蜡烛台……(是)灾难和绝望的烽火台。"[5] 英国海军在17世纪巅峰的统治时期,花了150年才采用了一种已经验证的败血症治疗方法。

连锁企业家博·皮博迪(Bo Peabody)写道:"那些说你和你的想法疯掉了的人的数量绝对惊人。在创立我的6个公司的过程中我从1 000多个办公室里被赶出来过。"[6] 记住,未来难以预测,所有伟大人物都曾在预测未来会发生什么和不会发生什么上面失败过。我的目的并不是拿名人的错误来取笑;相反,是为了指出在大多数时候我们是错误的(参见图4-1)。

---

[5] 奥尔森的话引起了一些人的争议,他们声称奥尔森是赞成个人电脑的,只是没有预见到个人电脑可以像《星际迷航》中表现的那样在人们的家中运行。关于埃菲尔铁塔的评论引述自John Lienhard所著的《The Engines of Our Ingenuity》(Oxford University Press, 2006),第186页。

[6] 摘自《Lucky or Smart》,第28页。

图 4-1. 在埃菲尔铁塔建成的时候,很多批评家要求把它拆掉。今天,它是巴黎最受欢迎的吸引游客前往的地方之一。

有经验的创新者期待这些批评。他们为此准备了拒绝或者预防的措施,比如:"谁会在家里需要电力?让我来告诉你谁……"[7]但即使是有了做好准备、有魅力和令人惊叹的想法,想要说服人们用

---

[7] 爱迪生是一个无所顾忌的电力倡导者,跨越了伦理道德的底线。他发明了第一个电刑椅子用来证明他的竞争对手的设计是不安全的,不像他的那样安全(但这不是事实)。Matthew Josephson,《Edison: A Biography》(McGraw-Hill, 1959),第 348 — 349 页。

跟创始人同样的角度来看待这个想法,仍然很困难。绝大多数人对改变心中的想法没什么兴趣,如果不记住这个事实,那么当你花费了一辈子的积蓄或者一整个周末来发明点东西就会要了你的命。这个鸿沟——创新者和其他人看待某项创新工作之间的区别——是创新者所面临的最令人沮丧的挑战。发明家期待发明被广泛接受。他们注视着那些被大众接受的发明以及发布这些发明的人被当作英雄,也期待着自己受到同样的礼遇(参见图4-2),但不管一个想法如何灿烂夺目,鸿沟仍然存在。除非发明被接受,否则它将会不停地受到质疑。

图4-2. 创新者对其他创新的认识是在它们被接受以后,而当他们的想法受到跟过去已经被接受的创新不同的对待时,他们很吃惊。

很多创新者在了解到想法只是一个开端的时候就放弃了——哪怕他们手里已经有了炫目的原型和计划。接下来的挑战要求具备更多说服别人的技巧,而不仅是聪明。正如霍华德·H.艾肯(Howard H. Aiken),一位著名发明家所说:"别担心别人会剽窃你的想法,如果它是有任何益处的,要让别人接受它,你将不得不大费周张。"[8]当然你不可能用暴力来说服别人,艾肯的观点说明:人们不可能像你一样对你的想法有这么大的兴趣。

很多即将成为发明家的人都没有观察到绝大多数批评的表面化。公开提出的问题隐含了真正的顾虑。对表面的意见作出简单回应是一个必败的游戏,想要说服别人就要把批评跟深层次问题联系起来。上面所列的所有消极意见都可以跟下面别人所持有的一个或者多个观点联系起来:

---

8   *http://en.wikipedia.org/wiki/Howard_Aiken*。

- **自大／妒嫉**：我没法接受它因为我没有想到这个主意，或者如果我点头同意的话会显得我很弱。
- **傲慢和政治**：这让我很难看。
- **恐惧**：我害怕改变。
- **优先级**：我有10项创新性的提议但资源只能够支持一个。
- **懒惰**：我很懒、无聊，不想再思考或者做更多的工作。[9]
- **安全感**：我可能会失去我不想失去的东西。
- **贪婪**：假如我拒绝这个想法的话，我可能会赚钱或者建立一个帝国。
- **一致性**：这个违背了我内心深处秉承的理念原则（不管它们多荒谬、过时或者荒唐）。

这些感觉无论公正还是无理，其结果是一样的。在有这些感觉的人心里，它们和其他任何事物的感觉一样真实。假如你的老板对一项提议感受到了威胁——哪怕对你来说那些原因看起来完全是庸人自扰或者自欺欺人——那些感觉会决定他对于新想法的行动。假如那些感觉很强烈，那么他就很容易用上面的意见来拒绝哪怕是最伟大的想法。如果创新者仅针对表面事物作出回应而不去尝试说服别人内心深处的感觉，那么就得不到他需要的支持。

例如，当伽利略宣布太阳是太阳系中心的时候，他面临教会和西方世界出于以上原因的指控。并不是想法本身引起了轩然大波——而是由于人们对想法的感觉引起的。他们才不关心太阳系的中心到底是什么。伽利略假如宣称地球是围着一条紫龙或者咬了一半的三明治旋转也会引起跟这差不多的麻烦。他们对他的理论的细节没什么不舒服的，而是被有人宣扬跟他们的信仰格格不入的理论所激怒（当然，拿教皇开玩笑也于事无补）。[10] 这是因为事物的原则及

---

[9] 与此相关的引语："大多数人宁愿死也不愿思考，事实上，他们也是这么做的。"——伯特兰·罗素

[10] 简单地讲，当伽利略在写《Dialogue Concerning the Two Chief World Systems》时，他把教皇乌尔班八世(Urban VIII)说的话安排到了他书中的角色 Simplicius 身上，这个角色是一个疯狂拒绝太阳中心论学说的傻子。参见 James Reston 所著的《Galileo: A Life》(Beard Books, 2000)。

大家喜爱新想法

其对他们的秩序感的质疑这两个普通原因引起的反对跟想法本身没有任何关系。

这是个魔法的双料秘密法则：创新很少因为它们的成果而被拒绝；它们被拒绝是因为它们引起的人们的感觉。如果你在陈述创新的时候忘记了人们的顾虑和感受，或者没有去理解他们对你的设计的立场观点，那么你正让自己陷入失败的境地。

对创新者困境的解释

早先我要求你想象自己发明了电话。你喜欢那样吗？哦，你会更喜欢这个的，因为这个故事有个令人惊讶的结局。

想象现在是1851年，你对等待小马快递（Pony Express）来递送重要消息已经感到非常厌烦。你碰巧遇到了一位摩尔斯先生（Mr. Morse）并买下了他的发明，这个发明可以用铜线在很远的距离传递即时消息。你的朋友都笑话你，让你去找点正经事做，因为一个大男人摆弄电线是件很傻的事情。冒着极大的财务风险，你在美国建立了第一个全国性电报公司，它成功了并改变了世界。你的公司蓬勃发展了好多年，整个国家都在付钱使用你的最先进的数字通信网络。财富和名誉吸引着人们很快都来给你投资。但你并不满足：在持续地努力创新之下，你在1866年发明了第一个股票计时器，为美国提供了第一个标准时间的服务，还用汇款革新了财务世界——这样就可以让人们在几秒内跨过整个国家把钱送到几千里之外。

就在你如日中天，你的创新名望上升到了无可企及的高度的时候，一个年轻人来拜访你，手里拿着一部古怪的机器。他宣称那个机器会取代一切，尤其是你耗费一生建立起来的一切。他年轻、自大而且藐视你的成就。在你把一份电报扔向他之前，你会听他说多久？你能想象你所建造的一切是那种轻易就被年轻人的那个粗笨的木盒子取代的东西吗？或者你会有胆量放弃你所做的创新，然后把一切都押在那个未知的机器上面吗？

这种内心的冲突被称为"创新者困境"。西联和亚历山大·雷厄汉姆·贝尔的对立（我的描述虽然戏剧化了点但基本准确）在随后的几个世纪里面不断重演，而主题之一就是老化的创新保护它们的成果免受新兴想法的威胁。这个概念在克莱顿·M.克里斯腾森(Clayton M. Christensen)的《The Innovator's Dilemma》一书中有详尽的描述，它列举了丰富的、有关于迷信过去而让聪明人看不到未来的创新的商业案例。[11]

这既是一个心理上也是一个经济上的现象：当人和公司上了年纪，他们失去的就更多。他们不愿花费数年去追逐梦想或者把他们胼手胝足建立起来的基业毁于一旦。专注在安全感、规避风险和优化现有状态的态度最终变成了主导性的姿态，甚至变成了那些曾经年轻、敏捷、有创新性的公司的组织性政策。公司的成功让它成长为主导性商业，却打消了它创新的兴趣和能力。基于这些原因，在艺术、音乐、写作、商业和每一个创新者矢志追求的领域中很少有同样角色能够持续一生的。并不是因为这些人江郎才尽，更多是由于他们的利益发生了变化。面临已经取得的成功，他们最强烈的愿望不是找到待征服的新想法，而是保护他们已经取得的成果。

挫折感＋创新＝企业家精神？

过去的30年见证了令人惊讶的技术和企业家精神交织在一起的创新浪潮。[12] 像苹果、Google、微软、惠普和雅虎这样的公司都是由一小群人舍弃了说服别人的老路，转而依靠自己实现想法建立起

---

[11] Clayton M. Christensen,《The Innovator's Dilemma》(Harvard Business School Press, 2003)。

[12] 这种力量的组合从工业革命早期就已经出现了，那时具有企业家精神的技术人员开创了第一批蒸汽机、工厂和采矿系统，自由地在现代政府的许可下创建他们自己的生意。参见 Arnold Pacey 所著的《The Maze of Ingenuity》(MIT Press, 1992)。

来的。这些新兴公司的历程都开始于在大型成熟的商业内部创新失败产生的挫折感。假如这些公司的创始人在那些大公司内部得到积极的回应，历史可能会被改写。公司管理层带来的挫折感是创新者中间一个经久不衰的话题：米开朗基罗和达·芬奇被雇主的胸无大志和同事的保守姿态造成的挫折感，与今天的创新者所面临的一样。[13]

创新者很少在主流组织机构里面找到支持，但正是同样的顽强精神不仅让他们为解决别人忽略的问题而工作，也给予他们足够的力量单打独斗。这就解释了突破性思想者和新兴公司之间的天然联系：创造性企业家不仅有发现新想法的激情，也有让那些神圣的成熟公司折服而做出牺牲的力量。

一个人把他自己100%的资源投入到一个疯狂想法上的风险很小：反正只有一个人。但是对于那些有500或者10 000个人的组织而言，在创新上的风险就很高。即使想法产生了回报，组织也将不得不为之改变，为前一个成功大想法投入的人就会产生恐惧和负面的情绪。当然，有些公司是如此之大以至于它们能够承担很大的风险：它们因为尝试而损失两千万美元后还能够继续运营。但这些努力失败得太频繁，跟那些倾囊而出孤注一掷进行创业的人所付出的努力相比，大公司更愿意为了减少损失而反对创新。

尽管听上去很乐观，这个企业家，不管他是富有还是乐意吃方便面度日，[14]都必须最终说服一群人——客户——来认可他的想法的

---

[13] 然而，15世纪和今天最主要的区别在于机会。在那时的欧洲，如果你对大教堂设计或者要塞武器有新的想法（当时的热门技术），你得依赖于一个组织来给你的服务付钱：教会。但是20世纪晚期以后的软件程序员不仅有很多赞助人，他们还有自己的方法构建梦想。

[14] 作为前三名的发明，参见 Tadashi Katoh 和 Akira Imai 所著的《Project X-Nissin Cup Noodle》(Digital Manga Publishing, 2006)。这是一本读起来很棒的书——用长篇漫画的方式——讲述纸杯装方便面是如何被发明的。

好处。并且如果他没有足够的钱来支持他的新想法，或者他的家人拒绝连续在第三个月再吃罐头辣酱，他将需要说服第二群人——投资人。目前就我们所知，这两群人都是人类（虽然有人争论风险资本家的遗传基因），而且都有上面所列的同样的情感反应。

创新是如何被接纳的（关于超前于它们的时代的想法的真相）

在创新的圈子里一句常说的话是"一个超前于它的时代的想法"。多奇怪的一个说法。一个想法怎么能够超前于它的时代呢？怎么会有东西能超前于它的时代呢？这个说法毫无意义。当人们说这句话的时候他们是指两件事情的其中之一：他们认为这个想法很酷但不是很好，或者他们认为未来的某一天类似的主意会受到追捧。但这是个糟糕的表达。有多少我们想象的出现在未来的东西能够现在就做出来？个人的火箭系统？会飞的猫咪？一切都是核动力的？科幻电影里古怪的酷想法被采纳的几率是很低的，况且这些科幻电影里的东西还远远不能被称为"超前于它的时代"。[15] 人们像牛马一样从事非常艰辛的工作，牺牲生活的快乐，不是为了当他们所做的一切都已被忘记之后，在他们的墓志铭上刻着他们是"超前于他们的时代"。被告知你的想法超前于它的时代是创新的遗憾，而不是赞美，除非你故意想这样。

但对于我们而言更重要的是，这句话揭示了关于创新是如何被世人接纳的神话。首先，它假定技术的进步是一条直线（如第2章所阐述的）。超前于它的时代暗示着一个想法是有时代的，在宇宙中创新被标示成了红色，等待着人们赶上它：这是一种完全不准确，以创新为中心来臆测人们的生活的观点。

---

[15] 注意我说的是电影，不是科幻书籍。电影是视觉媒体并选用看起来不错或者有戏剧效果的技术，不是解决重要问题的必需事物，也没有前瞻价值或者遵循物理定律。

在《Diffusion of Innovations》一书中，埃弗雷特·M.罗杰斯(Everett M. Rogers)写道：

> 很多技术专家认为先进的创新将自动地推广，因为一个新想法显而易见的好处会广泛地被潜在的用户认识到，所以创新就会快速地推广。不幸的是，这只是极少数的情况。绝大多数创新实际上是以一种令人吃惊的缓慢速度推广的。[16]

这本书采用了一种人类学的视角来讲述创新，认为新想法的推广速度取决于心理学和社会学，而不是这些新想法抽象的优点。这就解释了为什么伟大创新没人理会而糟糕想法却很流行的神秘原因——除了发明家专注的那些要素，还有一些更为重要的东西。在创新的推广中技术力量所起的作用比我们认为的要小很多。

罗杰斯总结了5个要素，它们决定创新能够推广得多快，每个创新者都应该在笔记本中写下这5个要素：

1. **相对优势**。新事物跟旧的比起来有什么价值？那就是受到认可的优势，这种认可是由创新的潜在客户决定，而不是由发明家决定。这就可能让一个从发明家的角度来看毫无价值的创新得到大众的接受，而更有价值的却不被认可。受到认可的优势是建立在包括经济、名望、便利、时尚和满意度在内的这些因素之上的。

2. **兼容性**。从当前的事物转换到创新的事物上需要花费多大的努力？如果这个代价大于相对优势，那么大多数人都不会去尝试这个创新。这些代价包括人们的价值体系、财务、习惯或者个人信仰。罗杰斯描述了一个秘鲁的村庄拒绝把水烧开的创新，因为他们的文化信仰认为只有病人才需要热的食物。你可以尽你所能来争辩把水烧开的了不起的好处，但是如果

---

[16] Everett M. Rogers,《Diffusion of Innovations》(Free Press, 2003)，第7页。

一个宗教或者文化信仰禁止这件事物,你就是在浪费你的时间。技术上的兼容性只是使得一项创新传播的部分原因:创新必须跟习惯、信仰、价值和生活方式相匹配。

3. **复杂度**。应用创新需要学习多少东西?如果一箱免费、高质量和电池寿命无限长的移动电话神秘地出现在 9 世纪的英格兰(再配以太阳能电池的移动基站),使用率可能只会停留在 0%,因为这个创新所需的复杂度的跳跃会把人们吓坏。("它们是巫婆下的蛋——把它们烧掉!")观念上的认知差异越小,应用的比例就越高。

4. **试用性**。试用创新有多容易?袋泡茶起初是用来免费赠送给人们尝试茶叶样品而不必买一大听茶叶的,它合理地提高了熟茶的试用比率。[17] 样品、免费、商品展示已经是很老的用来没有风险地尝试新想法的技巧。这就是为什么 GAP[译注1]让你试穿衣服,而本田汽车销售商鼓励任何人来试驾他们的汽车。如今很多网站都提供免费服务,通过这种方式对于基本功能你几乎一分钱不用花,如果要额外的功能再另行付费。越容易试用,创新就推广得越快。

5. **可见性**。创新成果的可见性有多少?受到认可的优势的可见性越高,应用的速度就越快,尤其是在社会群体当中。时尚潮流就是一个高可见性创新的很好例子,如果别人看不见,那么它就一钱不值。广告制造了可见的假象,很多广告向人们表现了使用一个产品——比如喝了一种新品牌的啤酒,随之而来的很多美妙的事情。很多技术都缺乏可见性,比如说设备的软件驱动程序,比起那些人们在社会中使用的实体产品,像移动电话和名牌手袋这些在社交场合曝光率非常高的东西,其可见性就非常有限。

这个列表澄清了为什么创新的推广速度通常是被发明家忽略的那

---

17 Joel Levy,《Really Useful: The Origins of Everyday Things》(Firefly Books Ltd, 2002)。

译注1 GAP:时装品牌名称。

些因素所决定的。发明家太过于专注在创造事物上面，忘记了只有当人们能够使用他的发明的时候，这个发明才是好的发明。当然了，可能会有很多关于创新的推广是如何促进社会提升水准和产生突破性变化的说法，但这一切在创新还停留在"超前于它的时代"，没有得到应用或者传播的时候是不可能发生的。

这份列表是一份对过去的创新进行学习的成绩单，也是一个帮助目前的创新提高推广速度的工具。这份列表不是一些可有可无的低劣的市场营销技巧，不是仿佛只要创新完成了，列表上的这些事情就都可以移植到创新上，或者简单地把创新扔给销售资料和广告去推广（尽管这些努力很少奏效）。假如消费者买来就扔在一边或者很快就退货，这个创新是成功的吗？最好把这个列表看作创新本身的属性，这5个要素是一个成功创新应该具有的素质。

而且，既然这些要素根据文化的不同会有区别，有些创新获得认可的速度就会很惊人。世上并没有整齐划一的进度，一个国家或者文化可能会比另一个早几十年应用某些创新。正如作家威廉·吉布森(William Gibson)所写："未来已在这里。它只不过是还没有广泛地分散传播而已。"创新也不能免俗。每个新的事物都以不可预测的方式通过文化在人群中传递，根据人性的局限，将来也会是这样。

第 5 章

独一无二的发明家

独一无二的发明家

谁发明了电灯？不，不是托马斯·爱迪生。两个不怎么知名的发明家，汉弗莱·戴维（Humphrey Davy）和约瑟夫·斯旺（Joseph Swan），都在爱迪生之前就做出了不错的电灯。以为是福特发明了汽车？又错了。很不幸，按照流行的观点，重要创新的功劳都不是历史学家所认定的那样：它受到市场、环境和流行程度的驱使，推动着创新历史的说法偏离了准确性。甚至连历史学家常常都很难把这些渊源整理清楚。下面是美国国会图书馆关于这一主题，特别是针对汽车的说法：[1]

> 这个问题[谁发明了它]没有一个直接的答案。汽车的历史源远流长，一直可以追溯到15世纪，当时莱昂纳多·达·芬奇创造性地设计了交通车辆并制作了模型。有很多种不同类型的汽车——蒸汽动力、电力和汽油的——还有数不清的样式。关于是谁发明了汽车的确切说法只是个人观点的问题。如果我们一定要归功于某一位发明家，那可能会是德国的卡尔·本茨（Karl Benz），很多人认为是他在1885到1886年之间发明了第一辆真正的汽车。

如果连世界上最大图书馆的管理员都无法确切知道，那我们怎么可能知道呢？从第一台蒸汽引擎到个人电脑或者飞机（不，不是怀特兄弟发明的[2]），大多数创新具有类似的复杂情况。即使看上去很简单，创新历史也还是纷繁复杂的。大多数的发明都不是我们想象的那样确定、具体和独立。每一个都像纠缠不清的线团或者关系，很难轻易地分清楚或者得出简单的答案。

---

[1] *http://www.loc.gov/rr/scitech/mysteries/auto.html*。

[2] 我就打赌你会来看这个脚注。怀特兄弟第一个展示了以持续动力飞行一段距离的飞机。但是气球、风筝、滑翔器和一些有动力装置并带翅膀的交通工具的确之前就能飞行。在很大程度上，怀特兄弟是伟大的研究人员和学生，他们向鸟儿和竞争对手学习。Fred C. Kelly,《The Wright Brothers: A Biography》(Dover, 1989)。

比如说,电灯。当爱迪生坐下来设计灯泡的时候,他远远不是第一个进行尝试的人。如果有好几个人都尝试解决这个问题,那么创新的功劳应该归谁?是不是想出主意来就够了?还是说要有原型?原型点亮之后坚持了多久有没有关系?卖出了多少灯泡?如果每个灯泡值 500 万美元或者重达 50 万磅会不会有关系?这要看哪一个问题被认为是最重要的,很多人都可以成为"发明家"这个头衔当之无愧的拥有者。然而,正如美国国会图书馆的人士所建议的那样,没有一本指导手册可以用来解决这个问题:规则针对不同的创新会有变化。尽管有一些指导建议用来解决这些问题,但在我们深入了解它们之前,情况已经变得更糟糕了。

电灯除了自身创新之外,还存在一个问题,那就是它传承了前人的工作:各式各样的人造光源最早可以追溯到公元前 7 万年。关于灯泡的想法,即一个小小的可移动的能够发光的物体,是非常古老的——它甚至比螺丝钉(公元前 500 年)、轮子(公元前 3 000 年)和剑(公元前 5 000 年)[3] 都要古老。火炬、蜡烛和油灯的发明者在历史上没有留下名字,但他们绝对为斯旺、戴维和爱迪生的想法作出了贡献[4](更不用提它们对于整个世界的价值:可以让大家在日落之后很容易地看清去浴室的路)。类似地,网站承袭了报纸的排版和图形设计技巧,而报纸的这些东西又是基于早期的印刷出版的字体排印技术。如此类推,所有今天的创新都跟过去的创新绑定在一起。

如果这些还不足以说明灯泡发明的问题的话,还有以下因素跟灯泡的发明有关:那些发明灯泡所需的玻璃制造技术,发明灯丝所需的铜矿开采和金属冶炼技术,以及数不清的已被遗忘的发明家,他们发明的工具、机器和数学理论被爱迪生和其他创新者所使用。

---

[3] 关于这三项古代发明的起源很难找到确凿的证据,所以事实上我们并不真正肯定这些发明的历史。关于古代发明起源的唯一最佳参考书是由 Peter James 与 Nick Thorpe 所著的《Ancient Inventions》(Ballentine Books, 1994)。

[4] 一段简明历史可以参阅 http://inventors.about.com/od/lstartinventions/a/lighting.htm。

这些被遗忘的发明家的贡献肯定是灯泡这项创新所不可或缺的——假如把这些发明都从以前的时代删除，而且历史变化的过程还是保持一致的话，我们所熟知的电灯就不存在了。

给出前面一串问题的回答很简单：爱迪生、福特和其他数不清的发明家为了方便而被确认为独一无二的发明人。我们所知的历史其实背离了事实真相，这样做的简单原因是为了让发明家更容易地被记住。

独一无二的发明家的便利

最常见的便利之处就在于提高了知名度。世界上大多数人最初都认为电灯和灯泡的发明人是爱迪生。不管这些发明的真实历史是什么，在他们的知识里面，爱迪生就是这些想法的发明人。即便后来大家发现了是别人最先想到这项发明的，或者在爱迪生之前就有人发明了灯泡，但是人们仍旧很自然地记着爱迪生并把他跟那些发明联系在一起。不管是谁，只要他在某项新发明里对公众的知名度最高，哪怕只是对我们而言知名度最高，这个人就会永远跟那个发明联系在一起。问问任何一个四岁的小孩是谁发明了煎饼，有很大可能性她会说"我妈妈"。如果我们只能够接触到某件事物的唯一来源，我们怎么能够想象还有其他的来源呢？

这种趋势可以延伸到事物的命名上。在我小时候，当我的祖父母把每个冰箱都称为"Fridgidaire"时，我都忍不住笑出声来——"Fridgidaire"是美国第一款面向消费者的冰箱的牌子（1919年）。[5] 直到某一天我才意识到其实我也经常用品牌的名字来称呼一些用品，比如把面巾纸称为Kleenex，可粘贴绷带条称为Band-Aid，多次封口储物袋称为Ziploc，飞盘称为Frisbee，便利贴称为Post-it，

---

[5] http://www.fundinguniverse.com/company-histories/Frigidaire-Home-Products-Company-History.html。

很多人也跟我差不多，都在用这种不正确的称呼。[6] 因为那些品牌的名字一开始就让我把它们跟对应的发明联系在一起（面巾纸、可粘贴绷带条、多次封口储物袋等），它们就印在了我的脑海里。即使现在我知道了其中一些产品的品牌并不是第一个出现在市场上的，或者当我在用这些品牌的竞争对手生产的类似产品的时候，我还是会无意识地用错误的名字来称呼它们。

福特和爱迪生为市场宣传投入了资金，用来推广他们的发明、生意和他们自己。作为商人，他们理所当然地宣称所有相关发明都归功于他们的工作。他们成为了他们那个时代媒体的宠儿，出现在各种访谈节目和书籍里，跟今天的明星首席执行官一样得益于成为公众注意力焦点的影响力。对于记者而言，用以爱迪生或者福特为中心的观点来写作就变得很方便，因为用知名发明家作为文章人物增加了公众对新闻的兴趣，有助于销售更多的报纸。

在美国，发明家很容易成为英雄：因为人们比较愿意相信并且讲述他们正面的故事，而很少有兴趣关注更为复杂的真相。会有人在 1917 年，也就是第一次世界大战期间，就关注是杜里埃（Duryea）兄弟而不是福特开创了美国的第一家汽车公司吗？[7] 或者说福特的功劳应该属于莱昂纳多·达·芬奇、卡尔·本茨和其他名字奇怪的外国人？那些细节，不管真实程度如何，都讲述了一个纷纭复杂和不那么具有爱国主义旋律的故事，对于这样的故事，作者为了赶竞争性的截稿日期都不会去写的。这些细小的省略足以把复杂的真相压缩成简单易懂的英雄传说，让从报纸、记者、读者到这些"英雄"本人都觉得很方便、很舒服。这一幕时至今日仍然在不断上演。

---

[6] 在 2006 年，哈里斯互动（Harris Interactive）发布了一项品牌研究，公布了每个产品线里具有最强主导地位和最高品牌认知度的品牌名称。其他占主导地位的品牌名称还包括亨氏（番茄酱）、Clorox（漂白粉）和好时（巧克力）：http://www.harrisinteractive.com/news/allnewsbydate.asp?NewsID=1063。

[7] http://www.loc.gov/rr/scitech/mysteries/auto.html。

独一无二的发明家

另外一个很受欢迎的例子是苹果公司，它被广泛认为是一家具有创新精神的公司，创造了具有友好用户界面的 Macintosh 电脑、iPod 数字音乐播放器以及 iPhone 手机。然而，历史表明这几类东西的第一个产品都是由其他公司在好几年前就做出来了。第一台具备图形用户界面和鼠标的桌面电脑是由施乐的 PARC 和 SRI 系统在 20 世纪 70 年代开发出来的，差不多比苹果公司 1984 年发布的第一台 Macintosh 电脑早了 10 年。而第一台 iPod，在 2001 年出售的，已经晚出了好多年——在它之前，已经有 SaeHan 公司、钻石多媒体公司（Diamond Multimedia）和创新实验室（Creative Labs）在 20 世纪 90 年代出售的多款数字音乐播放器，它们都使用闪存和类似的核心设计理念。当然还有索尼公司的随身听，在 1979 年发售的，它才是个人可移动音乐这一想法的真正先锋。手机的发明有类似漫长的历史，时间一直可以追溯至马丁·库柏（Martin Cooper）于 1973 年在摩托罗拉发明的原型［根据传说，库柏的第一个移动电话通话是打给了他的对手，贝尔实验室的乔·英格尔（Joel Engle），然后告诉英格尔他输掉了比赛[8]］。苹果公司就像爱迪生一样获得了应得的声誉，因为他们都把已有想法进行了大幅的改进，把这些想法精炼成完美的产品，进而发展成了商业。但并不是苹果公司发明了图形用户界面、电脑鼠标或者数字音乐播放器。类似地，也不是 Google 发明了搜索引擎，任天堂也没有发明视频游戏。它们对很多事情都功不可没，但却是别的公司想出了这些主意并证明了这些主意背后的理念是可行的。我们想要用一种清楚明了的方式来解释创新，但我们也想要用正确的理由来褒奖正确的人——这两点很少能同时做到。这不同于发明创造本身。

---

[8] http://news.bbc.co.uk/2/hi/uk_news/2963619.stm。

同时发明的挑战

你是否曾在派对或工作中发现某人跟你穿同样的衬衫、裤子或鞋子？现代生活令人好奇的地方就在于我们去百货商店，在一大堆同样的衬衫、宽松裤子和宽松上衣里面挑选购买，然后再说服自己这一身行头是独一无二的。一个具有观察力的买家看到购物中心里发生的事情，就能够想到身材差不多的其他人也会拿着一件同样的装备回家。然而如果她真的在派对或者大街上碰到时尚品位跟她一样的其他人时，她就被惊呆了："她怎么能穿我的行头？"一旦有了这个想法，不管怎样有的或者为什么会有，我们就在头脑里钻了牛角尖："那件衬衫搭配那条裤子是我的主意。"

时尚是发明的一个很好的比喻：两个或者更多人同时宣称自己发明了某样东西。就像撞上打扮跟自己一样的其他人，看起来似乎两个人不可能在同一时刻无意中发明同一事物。如果把场景退回到大家都在百货商店的同样一堆货物里面挑选的那一幕，当前发生的事情就很容易理解了。计算器、电视机、电话、自行车、电影、核磁共振成像和汽车的发明都牵扯到各种同时发生、相互重叠和备受争议的起源。

这种情况很普遍，因为创新需要具有预备知识——发明一种新的鸡尾酒[比如说，伯昆（Berkun）鸡尾酒[9]]需要对各种不同的酒水有经验，而创造一种新的舞步（比如说，爱迪生舞步）要求有芭蕾舞设计技巧。这种预备知识的要求就把能够进行某项特定创新的人数缩小到了很小的范围内。再考虑任何一个领域里数量有限的热门问题，突然之间就会发现解决某个特定挑战性问题的人数并不是太多。

比方说，今天只有那么一些人在做更好的文字处理软件、照片共享网站或者电子邮件应用软件。他们去参加同样的业界展会，读

---

[9] 伯昆（Berkun）鸡尾酒的配方提名可以提交到 *http://www.scottberkun.com/contact*。配方里面含有讽刺成分像"坏作者果汁"或者"白痴烈酒"将被认为无效。优胜者将能够免费到夏威夷旅游（都是假的）。

同样的书籍，然后看到共同竞争对手的同一个进展，更不用说在某个时刻（或者说某个好时候）大家都获得了共同的鲜活体验。在《Creativity in Science》一书中，迪恩·西蒙顿(Dean Simonton)解释道：

> 伽利略成为伟大的科学家只是因为他幸运地在意大利成为科学创新中心的时候出生在那里。类似地，牛顿的创造性天才的出现也只是因为当创新中心从意大利转移到英国的时候，他住在英国。如果伽利略和牛顿交换一下出生年月但不改变出生地点，那么他们可能都无法在科学编年史中占有一席之地。[10]

给定这些共享的因素，同一个领域的人们在同一时间，研究同样的宇宙或者学习同样的教科书[11]，看似奇怪的事情也就有合理的解释了。这些人甚至可能有共同的朋友、酒友或者舞伴，这就让同时发明的概率出乎意料地变高了：尽管人们是自由地进行创造性思考，仍然有一些现有的思想是大家都共同借鉴的。

让同时发明(也称为多例)令人厌恶的地方在于发明家经常独立工作，与跟他们有竞争关系的同行互不往来，这就让发明家倾向于相信自己的创造是独一无二的。在微积分的案例里(一个毁了我大学平均分的发明)，两个天才的大脑独立地做出了同样概念上的飞跃：艾萨克·牛顿和戈特弗里德·威廉·莱布尼茨各自开发了微积分。在这个特别案例中，发明在时间上有所差异，所以确切地讲并不是同时的。牛顿直到1693年才正式发表了他的成果，莱布尼茨是在1684年。虽然这两个伟人热爱理性，但科学界对于谁才是真

---

[10] 有些人相信创新的文化氛围理论——即文化力量决定了创新的真相。如果不看整个大环境的话，我们怎么能够解释清楚西方文艺复兴、启蒙运动和黑暗的中世纪？从这个角度来看，个人比起他们无法控制的因素来要差很远。

[11] 马尔科姆·格拉德威尔在其《Outliers: The Story of Success》(Little, Brown and Company, 2008)一书中，也揭示了类似的在成功故事中通常被人忽视的各种因素。

正微积分发明人的激烈争论却显得不那么理性。在很多年里,英国和德国,也就是牛顿和莱布尼茨各自的祖国,一直使用不同版本的微积分,每个国家出于民族自豪感都宣称自己才是正确的。[12]

更近一些的事情是电视机的发明,它涉及5个人互相重叠的创造性努力,比牛顿与莱布尼茨的争论复杂多了。保罗·尼普可夫(Paul Nipkow)是第一个在1884年想到用电线传送图像的人,但是他从来没有做出一个成功的样机。在1907年,坎贝尔·斯温顿(A. A. Campbell-Swinton)和鲍里斯·罗辛(Boris Rosing)是首先建议使用阴极射线管来做电视的人,但直到20世纪20年代,弗拉基米尔·斯福罗金(Vladimir Zworykin)和斐洛·法恩斯沃斯(Philo Farnsworth)才各自独立地使用阴极射线管做出了成功的电视机样机。这些发明家都独立地但同时为一个相同的目标而工作,牵涉相互重叠的概念、进度和商业政治,其中细节已经太过复杂而无法详述。像大多数创新一样,如果你希望在电视机的发明中寻找到独一无二的答案,其结果只能是碰到更多的问题(在本章的后面我们会探讨这个问题)。

一种解决方法是澄清"发明家"的确切含义。就像布莱恩·狄更斯(Brian Dickens),一位软件工程师解释的那样:

> "发明家"一词是一个悬而未决的问题,它应该用来指某位首先想到某个想法的人呢,还是用来指第一个做出成功模型的人,或者是第一个成功地把发明商业化的人?显然,为了把一项新技术转变为实际应用,这三个步骤缺一不可,但是它们绝不可能在不引起外界注意的情况下,由同一个人立刻完成。[13]

---

[12] 在《The Engines of Our Ingenuity》一书中,约翰·H. 林哈德(John H. Lienhard)写道:"那个问题困扰着科学的每个方面。同样毫无意义的激烈争论也存在于谁发现了氧气。是普里斯特里(Priestley)第一个从空气里分离出氧气来的吗?拉瓦锡确认它是一种新物质但是没能认出这种新物质是什么,或者还是Scheele,早在普里斯特里和拉瓦锡之前就发现了氧气但却在他们两人之后发表研究成果?"

[13] http://www.acmi.net.au/AIC/DICKENS.html。

这是个聪明的建议。问题是要把这些细节都厘清的话需要相当大的工作量。为了方便,人们很难抗拒把这些事实压缩成一个简单的故事。

独一无二的发明家的神话

每个人都知道尼尔·阿姆斯特朗是第一个登上月球的人。但是有多少人为他登上月球而出力?并且登月舱里还有其他的成员:巴兹·阿尔德林(Buzz Aldrin)和经常被人遗漏的迈克尔·科林斯(Michael Collins)。然后,就像电影里所放的那样,地面还有很多面带忧虑的任务控制人员,另外还有负责带动整个项目的专家团队,著名的有冯·布劳恩(Wernher von Braun)。[14]还有那些把很多复杂零件组装成"阿波罗11"火箭的人,以及经理人、设计人员和计划人员,那些构思想法、组织工程团队和协调几年的工作的人。为了把一个人送到月球,在美国国家航天航空局有超过50万人为此付出努力。为了阿姆斯特朗的成功需要相当于一个城市的人口那么多的人作出贡献,还不算数百万纳税人为此买单以及美国总统说服整个国家相信这个计划可以成功。尼尔·阿姆斯特朗成为一个家喻户晓的名字只是因为他的贡献是最容易看得见的,但最容易看得见的工作并不一定是最重要的工作。

我们之所以知道尼尔·阿姆斯特朗、莱昂纳多·达·芬奇或者弗兰克·罗伊德·莱特(Frank Lloyd Wright)这些名字全是因为他们的创新。假如你想知道是谁设计了埃及金字塔、罗马斗兽场或者中国的长城,你就运气不济了:没人知道是谁设计的。直到16世纪和文艺复兴的兴起,西方文化才变得愿意认可人的创造能力和个人成就(我们在第2章简要地提到这个)。阿诺德·佩西(Arnold Pacey)在《The Maze of Ingenuity》一书中写道:"创造从前被认为是神的特权,如今它被看成人类可以分享的一个活动……"虽

14　http://en.wikipedia.org/wiki/Wernher_von_Braun。

然指南针、剑或者机械钟的发明人没能够名留青史,但文艺复兴以后的大多数发明都被归功于一个或者几个人。[15]在那之前记载谁应得到发明的荣耀要么不重要,要么在文化上不被接受。

这个转变也带来了其他的东西:不是每个人都被允许加入特别的"创造"俱乐部。持有创造许可证的人都是天才,都是米开朗基罗或者达·芬奇,他们的天赋好像已经超越了人类的极限。剩下的其他人,平凡如我等之辈,只能把这些超人和神放在一起供奉。然而就是这些天才,尽管天资过人,也不是离群索居的孤独人士。他们和其他人一起分享他们的食物、浪漫和日常生活,包括普通的店主和老实的手艺人,这些人在很多方面影响着天才们和他们的工作。拉斐尔、柏拉图和爱迪生都有学徒(事实上,当这些伟人年轻的时候,他们也是更年长的大师们的学徒)。这些伟人学习他们那个时代最伟大的成果,在创作他们的杰作的时候,得到过没有留下名字的助手的很多协助。大师们也得益于强有力的友谊:达·芬奇是马基雅维利的好朋友,而米开朗基罗是教皇克莱门特(Pope Clement)的儿时好友(成年后,教皇从米开朗基罗那里得到了很多杰作)。

敌对关系也扮演了角色:米开朗基罗和达·芬奇互相讨厌对方,很多杰作都是受到这个因素的驱使。假如把他们放逐到彼此隔绝的荒岛上,他们还能够创作出同样的杰作吗?米开朗基罗虽然讨厌绘画,但他创作了西斯廷教堂的壁画,部分原因就是为了向达·芬奇炫耀。如果没有百事可乐,可口可乐还是今天的样子吗?如果没有苹果公司,微软公司会怎么样呢?如果把所有这些支持的因素

---

[15] 比如,胶布的发明人是未知的,因为大公司的兴起对于很多发明的个人功劳而言是一个威胁。强生公司在1942年为军队生产了胶布。然而,胶布是纸质双面胶很有争议的一个修改版本,纸质双面胶是由3M公司在几十年前发明的。如果对胶布的无限用途感兴趣,可以参阅《The Jumbo Duct Tape Book》,由Jim Berg 和 Tim Nyberg 所著(Workman Publishing Company, 2000)。

都移走，那些假设只靠自己一个人的创新者看起来就不再是超人了。

公正地说，那些创新者的才华和素质仍然是令人惊叹和杰出的。假如把米开朗基罗换成布兰妮·斯皮尔斯，或者把爱迪生换成我的狗麦克斯——同时保持其他的因素不变——将不会产生任何杰作（尽管麦克斯也很聪明）。但是这些人的工作远不是独自完成或者神圣的。如果你花很大力气去找，也能找到几个罕见的人在与世隔绝的状态下做出了伟大的成就——特斯拉（Tesla）和牛顿就是名声在外的独行侠——但这些人是如此罕见，他们的行为举止是如此地不同于常人，他们很难成为学习的榜样。

今天，离文艺复兴已经很多年了，我们仍然相信独一无二的发明家的神话。我们的确承认合作和伙伴关系的重要性，但常常由于贪图方便，也陷入把独一无二的发明家作为英雄人物的神话陷阱。我们坚持否认其他人的功劳和重要性。专利法，从法律设计的角度来讲，就把贡献归功于一个或少数几个人，不仅很可疑地假定想法是独一无二和可独立存在的，还允许个人作为想法的合法拥有者。目前在美国实行的专利制度的确解决了一些问题，但也制造了很多其他问题。专利制度不仅扭曲了公众对于创新如何发生的理解，也扭曲了对世界而言什么创新才是最有价值的。[16]

盖伊·川崎（Guy Kawasaki），《Rules for Revolutionaries》一书的作者以及前 Apple Fellow，为去除独一无二的发明家的神话而争辩。根据他的经验，伟大的创新或者生意都是由于两个或者更多的创新者一起工作而诞生的。他推荐道：

> 找几个心灵相通的伙伴。历史偏爱独一无二的发明家这个概念：托马斯·爱迪生（灯泡）、史蒂夫·乔布斯（Macintosh 电

---

[16] 比如，世界上每 5 个人中就有 1 个人没有清洁的饮用水，而每 4 个人中就有 1 个人没有稳定的电力供应。今年申请的专利里面没有一个可以用来解决这些问题。参见 http://news.bbc.co.uk/2/hi/science/nature/755497.stm。

脑），亨利·福特（T型车），安妮塔·罗迪克（Anita Roddick, The Body Shop化妆品），理查德·布兰森（Richard Branson, 维珍航空）。然而历史是错误的。成功的公司至少是由两个或者通常是更多心灵相通的朋友创立并取得成功的。事后虽然可能会有一个人被认为是"创新者"，但一定需要一个优秀的团队去承受风险开创事业。[17]

伟大的伙伴关系很容易找到：甲壳虫乐队的约翰·列侬和保罗·麦卡特尼，歌剧作家W. S. 吉尔伯特和作曲家阿瑟·沙利文，微软创始人比尔·盖茨和保罗·艾伦，Google创始人拉里·佩奇和赛吉·布林。

奠基石：电子表格处理软件和 E=mc² 的起源

当新款电视机或者移动电话放到货架上的时候，它们看起来好像都很完整。这样的设计是为了给用户留下深刻的印象：创新成果被放在神龛一样的地方进行展览，丝毫没有制造它们的痕迹——一切都是完整的、闪闪发亮的，包扎在塑料的礼物包装袋里面，就等着被人带回家。假如你透过任何创新的表面看到它的内在，完整的感觉就消失了。你会看到子发明、子产品、微小突破、零件还有组件，每一样东西都有自己的故事。每一个超凡脱俗的事物都是由其他很多超凡脱俗的事物构成的。

在《The Engines of Our Ingenuity》一书中，约翰·H·林哈德(John H. Lienhard)写道：

> 任何设备最微小的组件，如小到一颗螺丝，都代表着一长串的创新。有人想出了杠杆，其他人想到了斜面，还有人梦到了螺旋的楼梯。这个普通的螺丝勾勒出所有这些想法融合在一起的

---

[17] Guy Kawasaki,《The Art of the Start: The Time-Tested, Battle-Hardened Guide for Anyone Starting Anything》(Portfolio, 2004), 第10页。

线条，它紧跟着所有这些想法……每个零件都代表一项发明，所有零件构成了一个完整的设备，而单独从这些零件是看不出设备的样子的。

移动电话和DVD播放器都有好几十个"螺丝"——更别提晶体管、芯片、电池和软件了。对这些零件中的任何一个再进行细分，又有更多的发明隐藏在其中。人们很容易就忘记我们使用的创新成果是由一系列更小的创新构成的。但是，创造新事物需要借用其他事物的一部分并对这些部分进行研究。有时创新者甚至用其他的方法，通过故意试验已有的创新来获得突破。

第一个杀手级应用程序，即让个人电脑合理化的软件，是电子表格处理软件。[18] 在 VisiCalc 于 1978 年为 Apple II 而发布之前，世界上大多数地方都在纸上进行预算、会计工作和商业规划。[19] VisiCalc导致了电脑从科技迷的玩具变成为主流商业解决问题的工具。丹·布里克林（Dan Bricklin），VisiCalc 的主要创造者之一，在哈佛大学念MBA时想出了这个主意。在他的头脑中，VisiCalc的诞生来自于一些现有想法的结合（在下面这篇短文中他列举了已有的对他有帮助的创新）：

> 我凭空想象。"想象一下我的计算器有一个球在背面，就像一个鼠标……"（我以前已经见过鼠标，我想是在一次会议中由 Doug Engelbart 展示的，也许是 Alto）"……想象如果有个报警显示器在我面前，就像战斗机那样，在那个显示器上面我可以看到在我面前未完成的视觉图像。我可能会移动计算器鼠标或者键盘，撤几个数字，把它们放在括号里求和，再做点计算，然后答案说'10%就好了'。" [20]

---

[18] 杀手级应用程序(kill application)是一个名称，用来指任何计算机上的第一款能够推动计算机销售的软件。参见 *http://en.wikipedia.org/wiki/Killer_application*。

[19] 出于娱乐和历史纪念的目的，你可以下载一份 PC 版的 VisiCalc。它可以提醒你在这类软件方面我们已经走过了多远的路。参见 *http://www.danbricklin.com/history/vcexecutable.htm*。

[20] *http://www.bricklin.com/history/saiidea.htm*。

他的早期VisiCalc构想涉及计算器、鼠标、战斗机和在MBA课上见过的纸质表格,对乏味会计作业的失望和他对计算机编程语言可以用来开发软件的意识。自然地,当VisiCalc被逐步开发出来时,对前面那些想法的依赖性就减少了。布里克林解释说:"最终,我的构想变得更加实际了。报警显示器被普通屏幕取代。在1978年初秋的第一个软件原型中鼠标被Apple II的游戏摇杆取代。"然而,这些想法仍然是VisiCalc的构件和灵感,拿掉任何一个可能就不会有VisiCalc的诞生。

这种相互联系的主题并不局限于技术:你可以在从商业到艺术再到科学的任何领域找到类似的创新网络。詹姆斯·伯克(James Burke)所著的著名的《Connections》[21]一书不遗余力地探讨了发明之间相互交织的本性。甚至世界上最著名的5个字符,$E=mc^2$,归功于爱因斯坦,也是基于很多人的概念。 在戴维·博达尼斯(David Bodanis)的《$E=mc^2$》一书中,[22] 他解释了法拉第、拉瓦锡、牛顿和伽利略的工作如何成为必备的构造模块,让爱因斯坦的公式成为可能。每一个贡献——E代表能量,m代表物质,而c代表光速——都是其他人发展起来的概念,爱因斯坦的突破在于他把这些因素结合起来的方式。

不论神话是怎么说的,创新很少是由某人独自做出来的,而且在历史上还没有一个创新不是借鉴了前人的思想。不管我们如何喜欢以纪年为中心,我们最新的想法都有其历史渊源:"网络"这个词存在已经有500年之久了,"网"在人类生活里面已经随处可见,而DNA的算法比任何编程语言都要优雅和强大。 明智的创新者——受到激情而不是自大的驱使——会开创伙伴关系,合作并且谦卑地研究过去的东西,以应对创新永恒的挑战。

---

[21] James Burke,《Connections》(Little, Brown and Company, 1978).

[22] David Bodanis,《$E=mc^2$:A Biography of the World's Most Famous Equation》(Berkeley Trade, 2001).

第6章

好主意很难找

当我为了这本书在一个城市公园内等待采访某个人时,一个小孩在我的附近玩耍,他的玩具既有橡皮泥(Silly Putty)也有乐高积木(Legos)。于是我在记事簿上记下了这个不超过5岁的小男孩在10分钟内想出的主意。他坐在草地上,用他的玩具进行各种各样的创意组合,修改、增强、拆解、啃咬、吮吸和填埋,他的那些创意我绝对想象不到。这个小孩的年轻母亲正坐在公园的长凳上打电话,咖啡放在一旁,她没有注意到她的孩子正在发布的创造性发明。由于我盯着小孩子看,这让他的妈妈很紧张,于是她就把我赶走了(这就是作家在公园里碰到的职业风险)。之后我就在想,我们这些成年人都怎么了——这个小男孩会怎么样——在长大后。为什么,正如被普遍相信的那样,我们这些成年人的创造能力下降了,很难想出主意来了?为什么我们的会议室和董事会不像孩子们的游乐场和沙箱那样有活力?

如果你去问心理学家和创造力研究人员,他们会告诉你那只不过是个神话:人类不管年轻或者年老,都有与生俱来的创造性思维。我们并没有发现有什么特别的创造性脑细胞在你一到35岁时就消亡了,或者有什么特别的器官只长在那些天才的身上,给他们的头脑传递想法。很多专家甚至不认可天才这种说法,宣称像莫扎特或者毕加索这样的人物,他们在用普通工具创作令人惊叹的作品时,所经历的思考过程也就类似于我们在购物中心迷宫般的停车场里找到出路,或者在宴会迟到的时候编造借口。[1]就像孩子一样,很多以创造力著称的人,正如霍华德·加德纳(Howard Gardner)在《Frames of Mind》一书中所解释的那样,[2]"不被事物的不一致性困扰,不愿因循守旧,不拘泥于书本……",但不同寻常的想法对于大多数成年人而言,由于他们太过于僵化、自大或者害怕而不能享受其中的乐趣。

---

[1] 罗伯特·W·韦斯伯格(Robert W. Weisberg),《Creativity: Beyond the Myth of Genius》(W. H. Freeman,1993)。

[2] 霍华德·加德纳,《Frames of Mind: The Theory of Multiple Intelligences》(Basic Books, 1993)。

发明家和其他人的区别更多地在于态度和经验,而不是本性。人类生存了几十万年并不是因为我们有锋利的爪子、瞬间传送的超能力或者可再生的手脚,而是因为我们有大容量的大脑让我们适应环境并利用我们拥有的事物。人类如果没有创造的天性,没能想出点子,可能早就灭绝了。一头饥饿的熊或者狮子能够轻易地杀死任何人——哪怕是最强壮、最无畏、最专业的美国职业橄榄球联盟的后卫。然而,在解决创造性问题方面,一个普通人都是很难被打败的。我们制造工具、分裂原子,申请的专利比世界上的物种加起来还多(但请别告诉熊——它们会被专利激怒的)。我们在这个星球上独一无二的优势就是头脑的发明创造能力。我们甚至为思想制造了工具,比如说写作,于是当我们想到好主意的时候——例如如何驯服狮子并把它们关进牢笼——就可以把这些知识记载下来传给后人,让他们一开始就占有优势。

随着文明程度的提高,对许多人而言,创造性或许已被放到了一边。主意的重复利用如此容易,以产品、机器、网站和服务的形式,让人们能够碌碌无为而不需要有他们自己的想法。现代商业致力于贩卖预先包装好的食物、衣服、假期、娱乐和经验,引诱人们购买方便而不是自己动手做点什么。我并不相信每个人都要自己动手做所需要的一切,或者所需的大多数东西。但我确信每一个人都有能力享受创造某种东西的乐趣,但贪图方便的诱惑妨碍了很多人去探索他们想要创造的东西。我们无所事事地消耗很多时间看电视和上网,而这些时间本可以用于积极的爱好、娱乐和传统的场所以滋养创造性的内在。对于手工艺人、艺术家和专业想法构思人的需求就这样减弱了,跟过去相比更多的人从事劳埃德·多布勒(Lloyd Dobler)所痛恨的职业:卖出、买入和处理其他的事物。[3] 甚至当被

3　劳埃德·多布勒(Lloyd Dobler)是电影《Say Anything》的主角,由约翰·库萨克(John Cusack)扮演。"我不想把销售、采购或者处理事情作为我的职业。不想销售任何购买或者处理过的东西,也不想购买任何销售或者处理过的,或者处理任何销售、购买或者处理过的东西,再或者是维修任何销售、购买或者处理过的东西。你知道,作为职业,我不想从事那些事情。"参见 http://www.imdb.com/title/tt0098258/quotes。

要求负责脑力工作时,很少有成年人能够做到像他们年轻时那样的轻而易举。

爱因斯坦说过,"想象力比知识更重要",但你很难在学校或者公司里面找到对人们想象力的投入多于知识这样的情况。教育和职业生涯的体系,似乎是设计好的,把我们训练得脱离了自己的创造性,让我们把探索新想法的乐趣和游戏都放到了头脑的角落里。[4] 在我们的系统里面——从中学到大学到工作场所再到家里,都表彰想法一致,而不是独立思考,我们还在琢磨为什么很少有人愿意承担创造性的风险。事实是,我们都有解决问题和寻找想法的内在技巧:我们只是迷失了方向。

想法的危险生涯

快速测验:说出5种改变世界的新方法,否则你就会有生命危险!

抱歉,时间到了。幸运的是,我不能在书的这一页杀害任何人,而且作者杀害读者是一笔糟糕的买卖。但如果我能做到我说的那个威胁,你就有大麻烦了。没有人能够在那么短的时间内想出一个宏大的想法,更别提5个了。而成年人管理创造性思考的通常方式就跟这一段到目前为止一样地荒谬:"成为有创造力而且完美的人,立刻。"不管什么时候由于危机或者变革而需要新想法,这都是一个火灾警报,一个即刻的要求。但是这些警报很少得到足够的资源——具体地说就是时间——来发掘那些想法。挑战越大,就需要越多的时间来想出办法,但当危机来临需要紧急办法时,很少有人还记得这一点。

扼杀想法的讥讽词汇包括:"那绝对行不通","在这里我们不那么做"或者"我们已经试过了"。这些都是很常见的(参见第4章"创

---

[4] 参见尼尔·波兹曼(Neil Postman)所著的《The End of Education: Redefining the Value of School》(Vintage, 1994) 和肯·罗宾森(Ken Robinson)所著的《Out of Our Minds: Learning to Be Creative》(Capstone, 2001)。

新者听到的消极意见清单"),并且能够轻易地把寻找新想法的氛围变成屠宰场而不是花园。它就像一个想法来敲门,而某人却挥舞拳头说:"滚开!我在寻找想法。"想法需要悉心照料,才会成长,它不是制造出来的,这就意味着缺乏想法其实是自己没有处理妥当。即使不是天才也能认识到如果没有把新想法扼杀在摇篮里,找到新想法会比较容易一些。

导致这种想法扼杀行为的神话就是,如果想到好的想法,它看上去会很像。当亨利·福特造出第一辆汽车的时候,那个很丑陋、难闻的机器抛锚了,毛病不断,而且跟马匹做个温和的比赛也赢不了。人们只判断表面的事实,而不看潜力(参见图6-1)。每个人都愿意相信交通工具的未来会装在一个漂亮的礼盒里立刻到来,就像马匹2.0,不管它的化身到底是什么,反正它初次亮相的时候会号角齐鸣而天使在上空飞翔。未来绝对不会作为一个完善的产品出现在眼前,但这并不能阻止人们期待未来用这种方式来临。

图6-1. 你能在1898年看出这个想法——一个脆弱的以汽油为动力,被叫做四轮单车的东西——会成为未来的交通工具吗?那时的绝大多数人也没有看出来。这是亨利·福特的第一辆汽车。

电脑鼠标的想法（参见图6-2）也同样古怪，对前PC时代的眼球也没什么吸引力（"喔，一条绳子上的木块！未来就在这里！"）。鲁莽地用现实来衡量新想法是没有意义的。

图6-2. 创新的表面很少令人印象深刻。这是最初电脑鼠标的样式之一。

新想法需要用新的角度来看，并且需要花时间去理解，不需要太多的评判。翻开一幅世界地图或者这本书，把它倒过来放着，一开始看起来很奇怪。但等一等，观察一会儿，然后很快就会发现这个新的角度变得可以理解，或许还会有用了。无论如何，一开始奇怪的感觉没有告诉你任何新观点的价值——奇怪的感觉只是陌生感的产物，跟想法的好坏无关。这就意味着如果用"这个以前从来没做过"或者"那个太奇怪了"诸如此类的说法来扼杀想法就是创新的自杀：没有新想法能够通过这样的标准（参见第110页的附文"想法杀手"）。

如何找到好主意

要想放开头脑找到好主意，让我们回到公园里那个小孩子的例子上。他有什么样的态度让他无所畏惧地探索想法？莱纳斯·鲍林（Linus Pauling），历史上唯一两次独立获得诺贝尔奖的人，关于找到想法是这样说的："有一个好主意的最好方法就是有很多个主意。"大多数人会认为这听起来很傻,因为这句话砍掉了学校和专业里崇拜的那些系统化的、公式化的和以效率为中心的观点。好像听从鲍林的建议是一种浪费。我们能不能忽略其他直接跳到好主意上面?能不能优化过程?能不能归纳一个公式然后用来处理事物?呃,你办不到。

跟灵感神话不同,这个不优雅的小秘密——也是经常被忽略的事实——就是真正的创新是杂乱无章的。探索是一团乱麻,而探险是危险的。在进行创新的时候没人知道她将会得到什么结果。电影导演、画家、发明家和企业家都把他们的工作描述为一种探寻:他们探索未知的事物,希望发现值得带给世界的新东西。而正如其他的探险家一样,寻找主意是有风险的:找到的大多数东西都是无法令人满意的。所以,创造性工作不能完美地符合计划、预算和日程安排。麦哲伦、刘易斯和克拉克(Lewis and Clark)译注1,还有库克船长(Captain Kirk)译注2 都被赋予探索未知世界的使命,他们都清楚地知道可能什么都带不回来,甚至可能根本就是壮士一去兮不复返。

知名创新思想家的生命充满了追逐想法的冲动:他们想要更广的视野去探索。贝多芬痴迷于把他想到的一切主意存档,疯狂地把想法潦草地写在树干上或者写在他匆匆塞进衣服口袋的手稿上面,他甚至会中断吃饭或者谈话来记下自己的想法。[5]特德·霍夫(Ted Hoff),第一个微处理器(英特尔4004)的发明人,过去经常告诉他的团队主意就像一打一角钱的硬币,鼓励他们不要过于专注或者固定在某一个上面,而是应该探寻一系列的想法。海明威在他的小

5　Edmund Morris,《Beethoven: The Universal Composer》(Harper Collins, 2005)。

译注1　刘易斯和克拉克远征(Lewis and Clark expedition, 1804-1806)是美国国内第一次从东部横越美国大陆抵达西部太平洋沿岸的往返考察活动。参见 http://en.wikipedia.org/wiki/Lewis_and_Clark_Expedition。

译注2　库克船长是美国著名科幻连续剧《Star Trek(星际迷航)》里的主要人物。参见 http://en.wikipedia.org/wiki/Captain_Kirk。

说出版前写了十几次草稿,修改情节、人物和主题。WD-40^{译注3}之所以被这样命名是因为进行了40次试验才得到了正确的结果[欧利希医生(Dr. Ehrlich)治疗梅毒的药剂,被称为撒尔佛散(Salvarsan)606,也是采用了类似的命名方法]。毕加索用掉了8本笔记本来探索一幅画作《格尔尼卡》^{译注4}的想法;如果你看电影《The Mystery of Picasso》,你可以看到这位大师一边在创作大量的画作,一边也在不断地探索各种想法,无论好的或者坏的(参见图6-3)。[6]

图6-3. 很多艺术家在绘画过程中使用画布来探索想法——他们并不是精确地描绘,而是在创作当中边犯错误边探索。

---

6 电影《The Mystery of Picasso》[《毕加索的神秘》,导演亨利·乔治斯·克鲁佐(Henri-Georges Clouzot),美国影像娱乐公司发行(Image Entertainment)]是一部在任何地方都被认为是经典艺术教材的电影。很少有艺术家,即使没有那么具有传奇色彩,能够像毕加索这样公开记录自己的创作过程,正如电影所展示的那样。如果是观看DVD影碟的话,记得要听电影评论,他们提供了比正常的电影原声对话更多的深刻见解。参见 http://www.imdb.com/title/tt0049531/。

译注3 一种万能防锈润滑剂。参见 http://www.wd40.com.cn/。
译注4 参见 http://en.wikipedia.org/wiki/Guernica_(painting)。

想法杀手

有些表达方式不假思索地拒绝新想法。说这些话的人要么是因为太懒而无法给出有用的批评或者指导,要么是因为没能问一些激发别人思考的问题,或者是因为轻视别人想出好主意的潜力才这么说的。像"它不在我们的预算之内"或者"我们没有时间"这样一些说法都不完全是真正原因,因为预算和日程时间都可以为了一个足够好的想法而改变。其他的一些说法则是愚蠢的,比如"我们以前从来没有那样做过",一个新想法不管是好是坏,之所以被称为新想法当然是因为以前没人这么做过。

- 我们已经试过了。
- 我们以前从来没有那样做过。
- 我们在这儿不那么做。
- 那绝对行不通。
- 不在我们的预算之内。
- 这个问题没什么意思。
- 公司高层不会感兴趣的。
- 它超出了范围。
- 大家不会喜欢它的。
- 它赚不了大钱。
- 你有多傻?
- 你要是聪明的话就把嘴闭上。

想法杀手的完整名单在 *http://www.scottberkun.com/blog/?p=492*。

名单还在不断变长。在任何领域,创新人物都是那些专注于产生新想法、为想法而工作以及玩味想法的人。派蒂·梅斯(Pattie Maes),麻省理工学院媒体实验室流畅界面(Fluid Interface)小组的主管,解释道:

> 我们所做的大部分工作是这样的。我们从一个不成熟的想法开始,对于这样的想法大多数人——尤其是苛刻的人——可能会

立刻否决或者觉得无趣。但是当我们根据这个想法开始动手工作和构建的时候,想法自身也会改进。这就是我们在媒体实验室真正所用的方法……在构建某个东西的过程中我们常常发现有趣的问题和有趣的事物……它们导致了有趣的发现。

还有更进一步的支撑来满足一个创新者发掘新想法的渴望。在最近的一次调查中,当包括从发明家到科学家,从作家到程序员在内的创新性人群被问到他们使用什么技巧来发掘新想法时,有超过70%的人相信他们通过探索他们并不擅长的领域获得了最棒的主意(参见图6-4)[7]。在探索这些非专业领域过程中产生的想法经常激发他们对自己的专业领域的新看法。并且由于他们对其他领域没有成见,他们也能够从一些被认为是旧的想法中找到新用途。医生研究电影制片,作家阅读画家传记。任何思想宝库,无论多陌生,对于一个思想开放的人而言都可能变成一个探索的新区域。

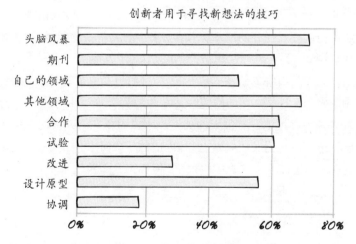

图6-4. 最近一次对各个领域超过100位的创新者所做的在线调查的结果。

---

[7] http://www.scottberkun.com/blog/?p=422。

正如我们看到的那个公园里的小孩，创新是和一种能力交织在一起的，这种能力就是把各种想法看成流动的、自由的东西。有了主意，没了主意，都没有什么关系；对于一个思想开放的人来说，主意处处都有（这一点我将会马上证明）。这是一种意愿，愿意探索、试验和玩耍，投入精力，走到死胡同了，再换一个新的方向让头脑想出好主意。所有跟玩耍有关的概念，以及它们不受正规评断的约束，都和发现好主意有着隐藏的联系。

想法和过滤器

尽管我赞美开放的思考，但的确在国会图书馆里漫无目的地随便找一些想法不会让你获得诺贝尔奖。我们要求找到能够解决问题的想法，即使寻找想法的过程近似于带有探索性质的游戏，但终究想法还是得回到某种实际有效的东西上来。

平衡工作和玩耍的秘诀在于把头脑当作一个过滤器。与非此即彼的开关——打开或者关闭，创新或者守旧——不同，我们需要一个能够控制开放程度的滑动标尺。如果你想要新主意，你就得向开放一端滑动，关掉一些过滤器，放手去探索你平时会拒绝的想法，直到找到一些有趣的想法；然后，逐步地打开更多的过滤器，直到你剩下一个又好又实用的问题解决方案在手中。成功的创新与选择何时打开何种过滤器有很大的关系，不只需要一个开放的头脑，还要知道何时推迟某些判断，何时再把判断拿回来。如果一个头脑永远开放，它就没法完成任何东西；但如果一个头脑永不开放，那它就永远没法开始。

我们的大脑和感知，部分程度上，天生就是为了过滤一些东西。就拿视力来说：最多我们只能看到我们周围160度的东西，周围360度的视觉信息就少了50%。跟人相比狗能听到更多的声音，而猫能闻到更多的气味。即使作为小孩子，我们也要学习各种行为规范，为了安全和适应社会，而过滤掉各种可能性。并且，也许对于创造力而言是更糟的，作为成年人我们的目标是有效地利用时间，走捷径,寻找快速通道和强有力的工具。追求效率并不是探索者和发明家做事的方法:他们为了延长时间而关掉过滤器,尝试去别人从未到过的地方。他们故意游走在不便和危险里。即使被分配了创造性的任务,多数人在大多数时间里还是太快就使用了过滤器。

头脑风暴的历史和误用

"头脑风暴(brainstorm)"这个词自从被发明以来已经被滥用和混淆了50年。这个概念源自于亚历克斯·F·奥斯本(Alex F. Osborn),他的完美著作《Applied Imagination》开创了创造力书籍的商业。[8] 这本书的畅销导致了头脑风暴被迅速地误用为所有想象得到的商业问题的解药。当它解决一系列不可能任务而失败的时候,比如说把人们的智商翻三倍、纠正执行官的愚蠢错误或者立刻把失效的团队转型,商业世界就掉头反对它,而不顾头脑风暴的根本好处。那些仍然使用它的人把它用在了微不足道的地方:不论他们进行任何思考,他们就管它叫头脑风暴。作为一个方法,头脑风暴的真正要点已经在《Applied Imagination》一书中很好地阐述了,这本书是一本非凡却被遗忘的经典。核心内容是简单的:

- 你有三件事情:事实、想法和解决方案。
- 为这三件事情需要花费有效的时间。

很大的错误就在于从事实直接跳到了解决方案,跳过了玩味和探索的阶段,而恰恰它们位于找出新想法的中心地带。我们中的大多数人对于找出事实都很有经验——它们贯穿整个教育阶段,已经在我们身上打上了烙印,而现代媒体也用更多的事实对我们狂轰滥炸。我们对解决方案也很熟悉,因为靠它我们才能支付账单并且解释为什么我们仍然生存在这个世界上。但对于想出主意?那是什么?它是很少有成年人有耐心去做,却居于创造力(公园里

---

[8] Alex F. Osborn,《Applied Imagination》(Charles Scribner's Sons, 1957)。

的孩子）和头脑风暴的中心位置（正如奥斯本所定义的）的。

- **找出事实**。需要完成的工作包括收集数据、信息和成堆的关于它是什么的研究。
- **想出主意**。探索各种可能性——消除尽可能多的约束——并且根据想出更多想法的需要使用或者忽略事实。
- **找出解答**。开发有前途的想法，把它变成可以用于世界的解决方案。

想出主意和关闭过滤器

奥斯本研究了什么样的环境激发人们的创造力，而这项研究导致了以下4条想出主意（也就是头脑风暴）的规则：

1. 想出尽可能多的主意。
2. 想出的主意尽可能地不受约束。
3. 借鉴其他的想法。
4. 避免进行评价。

规则1以数量设定目标，而不是质量（想想贝多芬、霍夫和鲍林）。既然我们不知道哪些想法有价值，在我们探寻这些想法，把想法互相关联或者把它们变成许多种组合之前，我们需要一个大视野。根据奥斯本的说法，一个由4到5人组成并被正确领导的小组，可以在半个小时到一个小时内为任何东西想出50到100个新想法，直到精疲力竭为止（参阅他的《Applied Imagination》一书）。

规则2鼓励跨越边界和尝试那些被称为没有逻辑、不会想到和无法预测的事情。没有这些规则，我们因为害怕羞辱就自然地约束了我们的语言：如果你把超越常规作为目标并为此得到了奖赏，你就帮着把过滤器关掉了，开启了想出有趣想法的机会。有时要求针对某个特别问题想出最糟糕的想法可以把你带到娱乐的方向，带领你到从来没去过的地方。你可曾在一个新城市里为了找一个梦幻商店或者餐馆而在一个糟糕地区迷路呢？发现可以有任何源头，但规则2强迫使用探索。如果在一次头脑风暴里没有谈到任何有争议、古怪或者令人羞愧的事情，你已经违反了规则2。

就像丹·布里克林（Dan Bricklin）对多种创新进行组合发明了VisiCalc一样，规则3鼓励对想法进行组合，促使通过混合和孵化来产生新想法。没有100%全新的想法：所有想法都源自其他的想法。制定这一条可以防止人们出于被超过或者改变的恐惧而压制一个其他人提到的想法。NIH(Not Invented Here，不是这儿发明的)综合征，也就是拒绝别人想出来的主意，很清楚地违反了规则3。[9]

最后，规则4把我们带回公园里小孩的秘密上。在探索过程中，评价是不必的——我们对各种可能性知道的还不够，那么为什么会拒绝或者接受主意？你会买第一辆你试驾的车吗？会跟你遇到的第一个让你怦然心动的人结婚吗？在想办法的时候，每个人都需要知道他的主意只有在晚些时候才会被评价。而且如果目标是数量（规则1），那就没必要评估初始想法，只需要记下来以便以后可以进一步探讨。评价太轻易了，把它推迟一点以便给各种想法一次争取的机会也没有什么坏处。

然而，这里也是有限制的。在以小组方式进行的时候，人类社会状态的动态效果就会显现出来。是不是每个人都试图讨好老板？是不是弗雷德总是抢话？是不是杰克说什么都有顾虑？指定一个有经验的协调人员保持事情的畅通和公平，同时确保规则都被遵守了，而会议根据需要想开多久开多久。这样会议的活力就应该类似于公园的玩耍环境了：一个有趣的、没什么压力的、自由的时间可以尝试事物，唤醒潜伏的想象力，品味追逐新想法的愉悦。

---

[9]　在《Open Business Models》一书中精彩地论述了NIH症状以及从组织层面上如何防止这种现象发生。此书由Henry Chesbrough所写，Harvard Business Press 于2006年出版。

主意随处可见的证据

一个在改进中有名的游戏称为"这是什么?"看看你周围的任意一件物品:一支钢笔,一只杯子,这本书。问你自己,它还能用来做其他什么事情?对于初学者,把这本书拿在你的手中:它是一个墙上的门挡,一件武器,一只碟子,一种让你老板没那么白痴的方法,一种20美元的浪费,或其他一些东西。跟一个朋友一起玩这个游戏并且看谁说出来更多的主意。

这个游戏的意义在于任何东西都可以当作本来用途之外的东西。我们假定任何一个事物都有一个功能,但这是错的:你可以把任何东西用于任何目的(尽管可能工作得不是很好,但可以试试)。没有什么东西拦着你让你不把这本书当作内衣或者墙纸。这个游戏强迫你把过滤器关掉。

很多伟大的想法都来自于把一件事物用作其他的用途。激光束被用于制造CD播放器和超市的结账扫描仪。尽管尝试用一种想象中的方式来重用某物并且失败了,也能将想法带到以前从来没有想到过的地方。用你在工作中使用的物品或者失败的项目来玩这个游戏,就问问重用性,很快你会发现自己带着足够多的好想法启程了。

第 7 章

关于创新,老板知道的比你多

典型的公司执行官会给斯蒂芬·霍金（Stephen Hawking，当今世界最聪明的人物之一）什么样的建议，如果他为他们工作的话？他们会要求他写每日状态报告吗？或者让霍金在小组工作检查会议上指着PowerPoint的演示文稿为他的每个工作项目辩解？类似的好奇还有史蒂夫·沃兹尼克（Steve Wozniak）[译注1]、阿尔伯特·爱因斯坦或者艾萨克·牛顿是否曾经填过工作时间卡，写过工作成果评审报告，或者让中层经理委员会在计分卡上把他们的想法排名。你能想象莫扎特、达·芬奇或者玛丽·居里一个挨一个地坐着，在一个公司的全天会议上记笔记？很难看出这些工作场所的普通景象会非常符合创新的预期。

如果我们很难想象过去的创新者会在我们的工作环境中做出超凡的贡献，那么又凭什么让我们认为自己能够在这样的环境中做出创新？天才的卓越只有在适合的环境中才能显现出来。假如我们把莎士比亚或者巴赫扔在一个创新地牢里，一旦他们有什么新想法就鞭打他们，那么他们会长期保持创造性或者哪怕具有一丁点创造性，才怪了呢。

几乎没有经理人意识到他们的训练和经验，被设计用来保护现有的事物，与创新所需要的力量有冲突。管理学的历史——潜伏在《Harvard Business Review》和《Fast Company》杂志的热潮之下——根植于工厂、银行和铁路，而不是发明、创造性思考或者革新。虽然一方面很容易看出不可能用管理工厂流水线的方法来管理创新团队，但另一方面，很多经理人确实在使用这些流水线管理的技巧，把好想法围困在其结构不适宜创新的体系当中。

[译注1] 史蒂夫·沃兹尼克与史蒂夫·乔布斯共同创建了苹果公司。他在20世纪70年代中期发明了著名的Apple I和Apple II型个人电脑，为个人电脑时代的来临做出了重要贡献。参见 *http://en.wikipedia.org/wiki/Steve_Wozniak*。

经理人知道做什么的神话

现在做个实验：合上这本书，看着封底，把书倒过来。真的，做吧。求你？求求你了好不好？你看，我是本书的作者，而我正在给你一个直接的命令。现在就做，要不我就会搁笔不写了，我会等着的。（想象一下我坐在书桌边，大拇指晃着圈，心里无聊，等待着你停下别再读这个句子，变成一个听话的读者，合上书来查看它的封底。看，这是值得的，我用这本书发誓。）好了，现在从实验状态回过神来，让我们在权力和天才的语境里聊聊刚才发生过的事情。

即使阅读这本书是你生命中最糟糕的苦差事，我也打赌你已经检查过书的封底了。原因很简单：作为作者，我有权力。你就假定我知道我在做什么。但是权力和天才之间是有差别的。你去看封底不是因为我多么有天才：你那么做是因为我用像全能的神一样的声音告诉你去做的。（现在，给我送6个糖霜纸杯蛋糕，一箱淡啤酒，还有1 200万美金，要用小面额、没有做过标记的纸币。[1]）

类似令人困惑的东西也统治着工作场所。那些掌权的人可以作决定而其他人不能，但这并不意味着掌权者有把所有事情做好的智慧和经验。每一个摇滚巨星似的创新者都在某个根本发明不了什么的人手下工作过。但我们否认这一点，是因为我们经常不顾完全相反的证据，宁愿相信那些掌权人士的天才和他们的权力一样多。坚信这一点会让他们对工作变得可以忍受，同时这个想法也提供了一种解释，虽然谬误不堪，但说明了我们为什么要为他们工作。当然也有经理人是例外，如耀眼的星星般值得赋予他们权力，甚至配得上更多权力。但这样的经理人很难找到。大多数时间里创新者必须意识到他们自创的神话：迷信他人的权力就很容易忽视这些人的平庸。

---

[1] 关于威权的心理学不是个玩笑。原版的米尔格兰（Milgram）系列试验证明了我们是如何愿意互相折磨，仅仅是因为有人告诉我们这么做。参见 *http://www.holah.co.uk/summary/milgram/*。

为什么经理人会失败

本书已经强调了这一要点,即没人知道什么是可能的。每一个伟大的发明都在一些领先人物的嘲笑声中被扫地出门过。切斯特·卡尔森(Chester Carlson),第一台复印机的发明人,被告知他所需的技术永远也不会存在。卡尔文爵士(Lord Calvin),19世纪最伟大的物理学家之一,说过比空气重的机器永远都飞不起来。此刻,位高权重的经理们,即使是那些比较可爱上过杂志封面的,也无法预测未来。不存在什么创新神谕。未来学家们,比如巴克明斯特·富勒(Buckminster Fuller)或者尼古拉斯·尼葛洛庞帝(Nicholas Negroponte,麻省理工学院媒体实验室的创始人),大部分时候所做的预测都不正确。[2] 想要明确知道将来会发生什么已经超越了人类的理解能力。

然而有时当人们带着个好主意去见他们的经理时,他们忘记了预测是靠不住的。人们很容易认为这些经理可能由于具有更高层次的行业知识和经验,对于主意的可行性有更好的见解。但正是这些知识和经验有可能和创新背道而驰:高度的经验和知识让这些人成为新想法的最大障碍,因为新想法一旦成功,他们的损失就最大(参见第4章的"对创新者困境的解释")。螺旋桨飞机的设计经理们是最后采用喷气引擎的人。同样的事情也发生在图形用户界面和命令行界面,电话和电报,以及——要承认这一点很难——任何我们现在使用的事物和未来的事物。

对人们而言,保护他们已知的事物而不是匆忙接受未知事物是很自然的事情,经理们也不例外。对经理们而言可能还会更糟,因为他们赖以生存的政治能够把他们变得更保守和深具戒心。彼得·德

---

[2] 巴克明斯特·富勒除了很多其他的发明之外,还发明了"协同(synergy)"一词。这很好地说明了所有的词汇都是由某个人发明的,所以反对在语言里面添加新词是很不明智的行为。

鲁克（Peter Drucker）写道："管理倾向于相信持续了一段时间的事物必定是正常和持久的。任何与之相矛盾的我们认为是自然法则的东西都被当作谬误而被拒绝。"所以既然很少有经理意识到这种天然的偏见，或者已经被训练得对偏见视而不见，当未来伪装成不成熟而带有好奇心色彩的想法来敲门的那一天，这些人是毫无准备的。这不是一个智力或者目的的问题，它关乎重新审视管理目标的意愿。

管理层和创新者的冲突

专业化的管理诞生于对优化和控制的渴望，而不是领导变化潮流的想法。弗雷德里克·泰勒（Frederick Taylor）、亨利·福特、亨利·劳伦斯·甘特（Henry Laurence Gantt，就是以甘特图闻名的那位），这些专业管理的奠基人认为管理学是一门缩减的科学。管理的目标是把不确定性最小化，优化性能以及从个人手里收缴控制权。在第一批MBA毕业生梦想着高薪咨询工作之前的几十年，泰勒先生，管理之父，研究了工厂工人们的低效率问题。他手里拿着秒表，做了笔记，对时间进行了研究，最终想出了提高生产效率的方法。那就对了：正是零件、铰链、螺帽和螺栓的生产促进了商业管理的诞生。[3]以科学管理或者经典管理学为名，商业管理哲学的核心就在于把工作划分为一系列可重复的任务，用可测量的项目来褒奖优化公司效率的经理——比如，每分钟做的零件数（参见图7-1）。

---

[3] 回顾一下，在泰勒之前，你可以发现其他的管理理论家。军队具有最古老的管理传统，因为军队是第一个为了某些可控任务的需要而组织大群的人的。

图7-1. 运营流水线的管理哲学绝对不能创造出流水线这样的创新来。福特的第一条汽车组装流水线，1913年。

如果这听起来像陈年旧账，那么请记住汽车、石油和铁路工业都是19世纪和20世纪早期美国经济增长的燃料。这些行业的成功既把泰勒的发现奉为圭臬，又创建或者资助了很多今天著名的商学院（范德比尔特、斯坦福、哈佛、麻省理工斯隆和其他）。[4] 不管某些现代商业管理课程有多么进步，他们的根源都是一种对创新不友善的传统。管理学作为一门学科，充满了老一套的命令和控制态度，这些态度在互联网时代仍然存在并且活得很好。

公平地说，大多数管理方法，在大多数时间，被有效地导向了维持良好商业状况的方向。保持生意赢利和让一群人在一起有效地工作

---

[4] 范德比尔特和斯坦福，齐名大学的创始人，都是铁路大亨。哈佛商学院的第一个校区是由乔治·费雪·贝克（George Fisher Baker）出资建造的，他是第一国民银行的总裁。麻省理工斯隆商学院的命名来自阿尔弗雷德·P. 斯隆（Alfred P. Sloan），通用汽车的董事会主席。

都是很困难的事情，如果一个组织既健康又成功，那么这个组织的领导人用行动保持那些良好的事情是有意义的（尽管泰勒主义不是这样的）。[5]然而，当经理们举起创新的旗帜，管理的目标改变了，那么管理的方法也必须跟着变。很多经理还是一味地依靠泰勒式方法，把它当作法则，而不顾目标的需要。这些人很容易辨认：他们或许知道些时髦词汇或者谈论着寻找突破，但是他们避免任何风险，从来没有成为创造性的权威，同时以以自我为中心的架构来操作，控制着思想的流动。就像一条流水线，这些经理人紧紧地抓住这样的观念，即他们是智慧的唯一处理器，结果，工人们只能够胜任服从性质的生产任务，必须对他们进行日常的控制。

艾米·C. 埃德蒙森 (Amy C. Edmonson)，哈佛商学院的管理学教授，同意这个观点："管理学 101 课程是……基于这样的假设，即我们对需要做什么有着高度的确定性……那是个过时的观念，但是我们仍然使用跟过去一样的管理工具：一种制造的思维方式……"[6]要领导创新就要求重新思考经理的角色、成功的定义和有效的策略是什么。而要做到那些，我们就不得不回顾身处在过去的创新里的经理们。

5 　泰勒在一件事情上是对的：在生产力低下的时候，他因提出新问题而值得赞扬。然而，他没能授权给工人，让他们参与提高效率。很多工人对改进都有主意，如果给予奖励的话，他们会进行建议的——这个策略泰勒从未考虑过并且可能会比他自己的方法有效得多（泰勒的那些研究都是必要的吗？我可以想象得到工人们在泰勒的背后嘲笑他，因为泰勒花了几个星期发现的低效率，不过是工人们在上班第一天就注意到的事情）。

6 　Kelley Holland，《Under New Management》，出自《The New York Times》(2006 年 11 月 5 日)，*http://www.nytimes.com/2006/11/05/business/yourmoney/05mgmt.html*。

管理创新所面临的 5 个挑战

我已经审阅过数百个创新项目的历史,涉及不同的行业、团队人数和时代,并且提炼了经理们付出努力的 5 个突出方面。当然,这不是一项保证:可以找出例外,有按照这 5 点做了却失败的经理,也有忽略这 5 点仍然成功的人(参见第 3 章)。但是,这些模式足够有力,可以被广泛应用于新兴公司、个人创业、临时拼凑的团队,甚至是大型组织里的创新项目。与涉及多少人员无关,这 5 个挑战总是某人所面对的以及创新问世所必须克服的:

1. 想法的生命周期
2. 环境
3. 保护
4. 执行
5. 说服

想法的生命周期

想法无处不在。第 6 章探讨了创造性思维的一些基础,但想法的生命周期是比头脑风暴会议上发生的事情广泛得多的东西。假如没有创新动力的话,就算有世界上最好的寻找想法会议也没有用。想法本身不算什么——是那些根据想法做成的事情有意义。想法得到资助了吗?受到鼓励了吗?被用来再次发明和重新思考了吗?提供了时间让想法成熟吗?有没有收到现金奖励或者到夏威夷旅游的奖励?人们是不是被推动去探索、制作原型,跟着他们的感觉,从发生的事情里面学到东西?

有着健康想法生命周期的团队是容易鉴别的:想法在人们之间流动,而且数量很大。谈话充满活力,有质疑和建议,原型和演示经常有,而大家都致力于发现好主意并为之奋斗。通常,这很有趣——人们喜欢从失败、辩论和古怪的想法里面学到东西。进行创新的团队是想法生存的好地方，就像快乐的宠物一样，想法得到了很好的对待，受到很多关注，在深切关注它们的人群之中被分享着。

想法的生命周期是由人来负责的。这个人用他的反应和行为来决定想法的生命周期，尤其是在受到别人的想法挑战的时候。比如，如果有人问："老板啊，我们能不能在吃午饭的时候开工作进度会议以便节省时间呢？"然后老板回答说："如果再说这样的蠢话你就会被开除。"于是没人会再问类似的问题了。所有关于改进工作进度会议的想法，也许是改进任何东西的想法，都永远地断了念头。或者，更典型的是，如果只有经理而没有其他人的想法被采纳，大家最终都不再会提建议了。

在团队中，想法应该像丛林那样繁茂，而不是像太阳灼烧的荒野，如果成为后者通常都应该归咎于团队的经理。老板必须为了让所有跟他一起工作的人参与想法的生命周期，而愿意投资时间和金钱让人们继续研究他们尚不成熟的想法，给他们自由呼吸的空间，并且支持想法的发展、发布和循环利用（为新的想法铺平道路）。

环境

艾伦·凯(Alan Kay)，施乐PARC充满传奇色彩的小组的一员，是这样评价他的经理鲍勃·泰勒(Bob Taylor)的："他的态度保证了环境对于其他人是安全的，让他们放下恐惧和自我保护，客观地把精力集中在手头的问题上。"[7]根据很多记载，泰勒鼓励想法的自由表达，包括在一个有很多沙发的房间里开每周例会并进行公开批评和辩论。这样做的目的并不是让人们互相折磨，而是为了培育每个人最好的想法，根据需要推动、催促、哄骗、分享、感召和

---

[7] Douglas K. Smith和Robert C. Alexander,《Fumbling the Future: How Xerox Invented, Then Ignored, the First Personal Computer》(iUniverse, 1999), 第79页。

激怒别人。[8] 这样的环境把创新放在中心位置,把办公室政治、装模作样和等级制度放在边缘。甚至办公室的建筑结构也算在环境里面,因为人们对创新和想法分享的感觉会受到他们的办公室、共享空间和建筑设计的严重影响。

汤姆·凯利(Tom Kelly),IDEO 的总经理和《The Art of Innovation》[9] 一书的作者,解释道:

> 创新在温室里茁壮生长。温室是指什么呢?就是一个所有要素都是为了培育好主意的生长的地方。在那里有热量、光线和湿度,以及足够的照顾。我们正在谈论的温室,当然就是指工作场所,由办公室和团队共同努力所塑造的空间。

刘易斯·托马斯(Lewis Thomas),《Lives of a Cell》[10] 一书的作者和耶鲁医学院的前任院长,写道:

> 能够辨别某些重要的事情正在进行的一种方法就是笑声。对我而言,无论什么时候,当我在一个实验室附近,当某些非常有趣的事情发生了,一开始它看起来会非常有趣,笑声和惊奇联系在一起——它的确看起来很有趣。所以无论何时当你听到笑声……你就能明白事情进行顺利而某些值得一看的东西可能已经在实验室里诞生了。

---

[8] 有关经理在创新环境里的角色的绝妙探讨,可以参阅杰瑞·何希堡(Jerry Hirshberg)的《The Creative Priority: Driving Innovative Business in the Real World》(HarperBusiness, 1998)一书。这本书是基于他在日产(Nissan)设计部门担任主管的经历写成的,解释了冲突对立在创新环境里的角色[他管它叫创造性的损伤(creative abrasion)]。

[9] Tom Kelley 等,《The Art of Innovation》(Currency/Doubleday, 2001)。

[10] Lewis Thomas,《Lives of a Cell: Notes of a Biology Watcher》(Penguin, 1978)。

笑声部分地表明人们对新想法感觉舒服而无所畏惧。Google 总部里的那些 Nerf 玩具、开放空间建筑结构和有趣的氛围并不是噱头；环境是支持想法和合作的，这帮助了创新在组织内的交流。

雇用和团队结构对工作环境的影响也许比其他因素加起来还要大。鲍勃·泰勒在招人的时候就把创新作为用人的标准，雇用那些自然地挑战现状和自发地追逐他们的想象的人们。他想要这样的人，能够克服创造新事物中的不确定性，能够推动想法往前发展。泰勒不是把他的管理者角色看成一个比其他人重要的创造者或者流水线工头，而是一个能够启发其他人想法的人。而这生效了——他的团队开发了激光打印机、以太网、面向对象计算和图形用户界面。好的创新管理者认识到他们是控制环境的首要负责人，并且是由他们来创造一个地方让有天赋的人做出他们最好的工作。

保护

有一件事情是天才不能做而他的经理能做的，那就是提供掩护。不论是通过权力、影响力还是领袖魅力，经理们将独自承担保护他们团队的重担。创新总是威胁到某些掌权的人，而寻求削减开支的执行官常常首先针对这些进行创新的人。经理独一无二的角色就是在创新的雏形阶段，还无法公开地说服别人的时候，使用任何必要的手段来保护它。史蒂夫·乔布斯在苹果总部把 Macintosh 项目放到一幢独立的楼里，把它跟公司的其他部分隔离开来。东芝的第一台笔记本电脑项目被公司的领导人否决了，团队领导沟口哲也，为项目的继续进行而抗争，直到他赢得执行官的支持，三年后，这款产品占有了 38% 的市场份额。[11]任何突破性工作的故事里面总有人充当盾牌，在创新进行的时候保护它。

托马斯·爱迪生的秘密武器之一就是他的明星般的公众形象。他

11　引自《Diffusion of Innovations》，第 145 页。

也许比较自大，但他运用明星效应来保护他的研究实验室。他的天才团队——一群在新泽西门罗公园的发明家——在相对隐姓埋名的状态下愉快地工作，避免了公众的苛责或者亮相和采访带来的压力。电灯和留声机的很多关键开发都归功于他的团队成员，而不是爱迪生自己。爱迪生承接了对失败想法的抨击，把自己作为一个投资人和公众显而易见的靶子，保护了自己的团队免受各种各样的负面影响。[12]

所有的创新都需要政治资本来运作：预算和人员的生命线不是凭空产生的，而每个人（包括项目领导）都在竞争这些有限的资源。就算是那些在车库里起家的知名新兴公司也不得不协调与家里失望的配偶或者讥讽的青少年子女的关系，因为他们想把这些资源用到更家常的目的上面（家庭跟任何组织一样都具有政治性）。生命是一场零和游戏（zero-sum game），用于创新的投入就是其他某个地方的支出。

成功的创新者在追逐自己的雄心壮志的时候也会考虑到自己拥有的资本。如果一个项目需要更多的时间、金钱或者政治掩护，超出了项目领导的能力范围，那么创新的努力就会被过早曝光、钝化或者扼杀。比如说，如果经理打赌预算（或者贷款）会被撤销，或者宣称他没办法提供预算，那么不论想法有多伟大，创新环境有多棒，或者创新的成员有多天才，创新的努力也会因为资金匮乏而夭亡。而如果经理太过于保守不愿冒任何风险，创新或者能够继续下去，但会因为进展不够而无法完成目标。那就像走钢丝——足够努力地推动一个项目但又不做得太极端——每一个成功的创新者从最初的那一刻开始都做过类似的平衡。

---

[12] Andrew Hargadon,《How Breakthroughs Happen: The Surprising Truth About How Companies Innovate》(Harvard Business School Press, 2003)。

保护创新包括获得投资，找到志同道合的人，保护项目免受那些天然捕食者的猎杀（包括维持现状的人、妒忌的经理以及官僚组织的阻力和具有感染力的威胁），甚至还要给团队和它的明星们一些缓冲，避免他们自我毁灭的倾向。有时为了保护一个创新团队，会要求保密可能让团队泄气的信息（例如，一个公司副总裁对项目的凝固汽油弹轰炸似的反馈），这就考验着经理的判断力、极限以及为了项目承受心理压力的意愿。经理比任何人都要能为团队挡住更大的子弹。

执行

想法只是抽象的东西。你没法从一个ATM机器的点子里提取现金，也不能用气垫船的概念回家。要想变成一项创新，一个想法必须演变成某种必要的具体形式——一次演示、一个原型机、一种产品——要对人们有用。把一个想法沿着漫长、崎岖的道路从概念变成现实的过程就称为执行。尽管跟创新思考比起来，执行给人的感觉就是力气活，但一个想法的执行却是每个创新经理人所面对的最困难的任务。在第6章中，我们探讨了想出主意是多么地容易，挑战在于完成所有必需的工作以把想法在现实世界里实现。我们之所以知道爱迪生、莱特、沃兹尼克(Wozniak)、特斯拉(Tesla)的大名并非只是因为他们有过伟大的想法，而是由于他们能够在想法的执行上超越竞争对手。当史蒂夫·乔布斯说"真正的艺术家做得出东西"时他是对的，他召集Macintosh团队，让他们熬过产品开发所需的漫长、疲倦和乏味的时间。[13]

---

[13] *http://www.folklore.org/StoryView.py?project=Macintosh&story= Real_Artists_ Ship.txt*。

执行迫使经理们处理无止境的细节,在头脑风暴和演示的时候,这些细节都被忽略了。在"我们以后再处理它"或者"目前那不重要"的借口下被一扫而光的全部挑战,现在都变成了无法移除的路障,需要马上处理;否则,进度就停下来了。这些困难对于理想主义者而言经常很难处理。尽管这些人的热情说服了别人来支持他们的想法,但如果要把想法变成现实世界里的真实事物,这些热情就必须通过妥协来温和处理。

难题就在于在正确的时间通过正确的方式来做正确的妥协:对此没有公式可循,只有通过经理和他的团队的判断来决定。经理们必须对团队作出平衡:一方面在理想的边缘激励团队努力完成早期的阶段("我们会改变这个世界!"),另一方面为了结束项目要对时间和预算做必要的限制("我们必须在4周之内完成,要么做要么完蛋")。太多的理想主义,工作就永远完成不了——对这个世界没什么改变。

说服

创新冠军们——比如杰夫·霍金斯(Palm)、史蒂夫·乔布斯(苹果)、和鲍勃·泰勒(施乐 PARC)——常常需要放下利剑并收起自傲来向别人解释他们的项目的价值。创新者不可能手里拿着全部的牌,所以他们必须请求别人帮忙以便完成项目:新兴公司需要投资人,电影需要制片公司,生意需要从银行贷款。在前面的章节,我们探讨了为什么人们不喜欢新想法,以及有新想法的人会面对什么样的质询。当然,对经理人也是如此,但要求还要更高:经理人不仅为人们的想法负责,还要为整个团队集体的希望负责。

所有的创新英雄都公开地吃过闭门羹:卡尔森(施乐)、乔布斯(Apple II)、佩奇和布林(Google),还有史密斯(联邦快递)。哪怕是这些伟人所具有的说服力,也还不足以避免被拒绝。我们想象伟大的说服者作为领袖人物具有特殊力量,能够令人目眩地和浪漫地很快说服别人,但是真实的创新者并不是魔术师。成功和失败最常见的区别在于坚持不懈,而不是天才或者领袖魅力(虽然这些也是有用的)。乔布斯解释说:"我坚信把成功企业家和那些不成功的区别开来的一半原因就单纯是坚持。"[14] 说服是一种技巧,如果有足够的动力,任何人都可以提高自己的说服技巧。[15]

启动一个项目,雇用顶尖人才,获得资源,挽留天才(或者配偶)不要离开都需要说服力,当然催促投资人或者一旦有东西可卖时招徕顾客也需要说服力。说服力在创新的各个阶段为其加油,而每一个成功的创新都依赖于让人们相信那些以前从来没有做过的事情。

---

[14] http://americanhistory.si.edu/collections/comphist/sj1.html。

[15] Robert B. Cialdini,《Influence: Science and Practice》(Allyn & Bacon, 2000)。

第 8 章

最好的主意获胜

最好的主意并不总是获胜,但这不能阻止人们相信它们应该获胜。大多数创新者对此都很有挫败感,因为在他们自己心目中,他们的想法确实很高级但却很难得到世界的认可。挑选任何时代的任何领域,你都会发现惊慌、绝望和愤怒的故事。这些故事的起因都来自创新者的如下信念,即他们更好的想法不仅应该,而且也必将胜过其他人的想法。当然了,有远见的创新者在这些事情上很少客观,因为通常这些所谓的最佳想法其实就是指他们自己的想法。[1]特德·纳尔逊(Ted Nelson),发明了"超文本(hypertext)"一词的人,为万维网的局限性深感悲哀,仍然在为网络浏览器产生之前几十年的了不起的想法而抗争。道格拉斯·恩格尔巴特(Douglas Engelbart)和艾伦·凯(Alan Kay),个人电脑的先驱,也有类似的愤恨,因为他们在20世纪70年代开创的宏大想法仍然没有实现。[2]即使是社会和政治的创新者如马丁·路德·金、甘地和托马斯·杰斐逊也提到过类似的理念,即他们坚信最好的东西应该被广泛接受。

创新者通常都是理想主义者,这并不是什么新闻,但"最好的主意获胜"这个神话的影响力不应该被低估。你可以注意到没有人说最差的想法获胜或者他们自己的发明什么都不是。人们对于这个世界是什么或应该是什么,以及为什么某些想法、发明或者某个人胜过了其他的想法、发明或者其他的人,都有自己的看法。即使是对于"最好"、"好"、"胜利"和"失败"这些概念的定义也是

---

[1] 我还没有发现关于自傲、创新和成就之间关系的有力参考资料。一个普遍的参考资料是由迪恩·基斯·西蒙顿(Dean Keith Simonton)所写的《Greatness: Who Makes History and Why》(The Guilford Press, 1994)。然而,作为一件轶事,我所读过的大量伟大发明家的自传都包含着很大的自傲。

[2] 道格拉斯·恩格尔巴特做过很多的访谈节目,关于他对自己在历史上的地位的认知,同时也说到今天电脑的现状。一个例子提及他对如今计算现状的主要观点,可以参考这个短篇随笔:*http://queue.acm.org/detail.cfm?id=1039523*。艾伦·凯也做了很多评论,认为代表更好想法的技术被遗忘了,这些想法的一部分在这个访谈中被提到了:*http://www.educause.edu/ir/library/html/erm/erm99/erm99027.html*。

主观的，正如痴迷于用二分法来给事物套上框框。好和坏，最好和最坏，高兴和悲伤在构成上都只有微妙的区别，因为世界从来不是简单地一分为二（例如，高兴和悲伤就忽略了"烦恼的甜蜜"的存在）。然而，这阻止不了人们还是试图用二分法来看待世界。

本书到目前清楚地说明了创新是复杂的，有着很多的含义和因素，不能用神话里简单的口号来归纳。正如本章所解释的，创新包含着很多起作用的因素，不可能在任何时候都把这些因素全部记下来。这就是为什么"最好的主意获胜"这个神话如此危险。它装疯卖傻，满地打滚，看上去可爱又无辜，然而它会悄悄地绕到我们的背后，把它毛茸茸的小爪子搭在我们的肩膀上，在我们偏离事实的时候发出笑声。

为什么人们相信最好的会获胜

童话和英雄故事都按照类似的套路演绎：好人胜利，坏人失败，而做了正确事情的人得到了不错的奖励。[3] 这些规则是令人愉快的，容易被记住的，从我们会讲故事开始就一直伴随着人类。在一些文化里，包括美国文化，这些"好人胜利"的故事延伸成为智力的优秀和制造好的事情。美国人认为创造力是所有好品质中最好的一种，把它放在聚光灯下面，映射到美国本土的历史当中：本杰明·富兰克林的政治创新；独立战争时期创造性的民兵策略（那并不是创造性的）；还有工业天才惠特尼、富尔顿、爱迪生、福特、卡内基和史蒂夫·乔布斯。简单地说，英雄就是那一行里最好的人。美国创造的是超人，而不是"二流"人，也不是"有时比普通人好一点的"人。

3 　当然了，神话和传说是数不清的，在各种神话故事里面很多模式跟愿望实现和英雄征程一样明显。参见《The Uses of Enchantment》，由 Bruno Bettelheim 所著 (Penguin, 1991)，或《The Hero with a Thousand Faces》，由 Joseph Campbell 所著(Princeton University Press, 1972)。

贤能至上——最好的能够或者应该获胜的理想——深深地被抱持在美国人的信仰当中，而且构成了美国梦的一部分。与英雄模型（好人获胜）结合起来，就有一种理所当然的倾向把历史叙述推演成符合贤能至上和英雄模型的理想故事，同时还把那些不适合这些模型的美化或者省略了。无论何时我们都不知道某人或者某事为什么赢的故事的全部，默认的假设包括：

1. 胜利是应得的："爱迪生发明了第一个电灯泡。"
2. 胜利是英雄的："古腾堡为因特网铺平了道路。"

当然大多数人知道最好的并不总是赢，但我们也没有脱离常规找出反例（很像第2章里"进化和创新"那一节的讨论）。我们接受符合我们熟知套路的故事，因为这些故事让我们愉快，也鼓舞了我们对于生活应该是什么样的希望。在历史上由于可疑的道德或者有问题的原因获胜的胜利者——就像洛克菲勒、卡内基甚至阿喀琉斯——被记住不是因为他们的缺点或者他们在那个时代的不受欢迎，而是因为被当作有成就的英雄。他们的胜利和对慈善的贡献，是神话里与事实相符的部分，成为关于他们生平我们讲得最多的故事。[4] 就算这些人作出过糟糕的决定，然而时间一长，当时作出如此判断的原因就被淡忘了，只留下了让人尊敬的传统。想想独立钟，历史事实是它在1753年的战斗进行到一半时才被敲响，几十年后才又再次被敲响——很明显没有任何卓越或者英雄主义的地

---

[4] 19世纪的美国工业巨头都是直接的例子。除了他们的名号之外，今天他们得到认可主要是因为他们的慈善工作、资助的大学和设立的基金会。卡内基有好几起针对工人权力的事故，包括在1892年的赫姆斯戴得大罢工（Homestead Strike）里，卡内基手下的一名经理弗瑞克（Frick）批准使用武力在工人和雇主谈判未达成协议之前强行关闭工厂停业，结果导致了一场骚乱和十多人死亡。最具有讽刺意味的是今天在匹兹堡卡内基-梅隆大学旁边的一个公园被命名为弗瑞克公园，而大多数学生知道这个人的名字仅仅是因为他所做的慈善。参见 *http://www.pbs.org/wgbh/amex/carnegie/peopleevents/pande04.html*。

方——但现在它被当作一个受人崇拜的美国历史文物。[5]或者以阿尔弗雷德·诺贝尔为例,他因设立诺贝尔和平奖而闻名天下,但他的财富是因为发明炸药而积累的。[6]

美国流行的虚构传奇里的众神还包括麦盖费尔(MacGyver)[译注1]、詹姆斯·邦德、印第安纳·琼斯[译注2]、约翰·麦克雷恩(出自电影《虎胆龙威》)以及库克船长[译注3],这些不可战胜的英雄通过使用好主意、奇谋和源源不断的免费武力这些压倒性的优势战胜了邪恶。他们有更好的主意,所以他们赢了。我们喜欢有创造性的理想主义,哪怕是走极端也无妨。例如,在艾恩·兰德(Ayn Rand)的故事《The Fountainhead》里,霍华德·罗克(Howard Roark),一个英雄的建筑师,把他的想法置于一切事物之上。撇开这个故事的复杂性不谈,这位主人公愿意为了他的想法而献出生命。从这本畅销小说里可以得出更简化的信息,即好的应该胜过坏的,如果一个更好的想法被忽略了,就该责怪这个世界(即所谓的"二流人物的敌意")。这个信念比贤能至上的想法更为极端,对于什么是最好的,全世界的观点都不如个人的看法重要。

"好的会获胜"被应用在商业中,这个神话的精髓体现在这句著名的谚语中:"如果你造了个更好的老鼠夹,世界就会打破头争相上门的。"这句话有时被简化为"如果你造了,别人就会来。"这是电影《Field of Dreams》里的标志性语言。很不幸地,这句引语

---

[5] 独立钟直到1835年才被命名为这个名字。它的故事相当之不幸,其中一部分本来就是神话。参见 *http://www.libertybellmuseum.com/resources/faqs.htm*。

[6] 诺贝尔是一个谜,无法确切知道他怎么看待自己的发明。但是,诺贝尔奖是在他死后根据他的遗嘱而设立的。参见*http://www.britannica.com/nobel/micro/427_33.html*。

[译注1] 美国冒险电视连续剧《Mac Gyer》里的主角,剧名翻译成"玉面飞龙"或者"百战天龙"。参见 *http://en.wikipedia.org/wiki/MacGyver*。

[译注2] 美国寻宝冒险系列电影《夺宝奇兵》里的主角。参见*http://en.wikipedia.org/wiki/Indiana_Jones*。

[译注3] 著名科幻电视连续剧《Star Trek(星际迷航)》里的主角。

被错误地归功于拉尔夫·瓦尔多·爱默生（Ralph Waldo Emerson），一位19世纪的重要知识分子。他真正所说的可能是这样："如果一个人有好玉米、木头、木板或者猪要卖，就会有一群人打破头争相上门。"[7] 我不知道你上次卖猪或者种玉米是什么时候，但爱默生心里的意思跟列队进入创新游戏的未来企业家所想的不一样。这句话的含义是诗意的，而不是指导性的，如果爱默生看到那么多人曲解他的话，他会感到失望的。

这句话已经被用作企业家的座右铭，误导了数百万的人去相信所谓一个足够好的主意会自动招徕顾客的概念。如果好主意能够为自己负责任也还不错，或许还能不让那些愚蠢的想法出现在大众流行里面，但这是不可能的事情。即使是（错误的）谚语里的老鼠夹，正如历史学家约翰·H. 林哈德（John H. Lienhard）所指出的，每年在美国大约有400个新设计的专利被申请，而我们可以肯定没人会打破头争相上他们的门去。[8] 总共已有4 000多个老鼠夹的专利，但只有20个左右被转化成可赢利的产品。今天，跟老鼠夹最相似的比方是"建一个更好的网站"，每年申请的30 000个软件专利和100万个新建网站已经证明了这一点。[9] 当然不是所有这些努力都受到财富或者发财梦想的驱使，但很多投资人仍然希望"如果你造了，别人就会来"，而且这种感觉还很强烈。

林哈德基于他对历史上创新的研究，挑战了这个信仰：

> 在一个创新的最初阶段几乎没有人给予它应该被给予的认可……一个更好的老鼠夹，就像其他任何东西，只有当想法的创造者说服其他人一起加入这个新冒险，才会成功。这些其他人包括投资人、供应商、雇员、零售商、顾客，甚至还有竞争对手。

---

[7] Jack Hope,《A Better Mousetrap, American Heritage》, 1996年10月，第47卷, 第6期 (http://www.americanheritage.com/articles/magazine/ah/1996/6/1996_6_90.shtml)。

[8] 同上。

[9] http://www.realgeek.com/230/us-software-patents-hit-record-high/。

好或者新只是决定一个想法成败的系统的一部分。当我们为喜欢的餐馆停业了而遗憾("他们做最好的意大利肉卷!"),或者怀疑为什么喜欢的乐队卖不出专辑("他们有最好的歌词!"),我们只是专注在对我们个人造成影响的一小部分东西上而忽视了整体,这一小部分东西只是在环境中决定它们命运的因素之一。这些环境性的,或者说次要的因素,与想法的质量、天才或者创新本身有着同样重要的影响力。

创新的次要因素

创新的历史揭示了很多在某个领域占统治地位的想法其实被业内人士嘲笑。今天任何高科技的设备都有QWERTY键盘,但这种设计并不是为效率或者人机工程学着想。菲利浦(Phillips)螺丝要比不怎么出名的罗伯森(Robertson)螺丝差,罗伯森螺丝是一项工业设计的奇葩。[10] M-16,世界上最广泛制造的步枪之一,一开始有严重的卡壳和易用性问题。[11]设置在美国人的小木屋和家里的壁炉,是人类已知的效率最低的加热系统之一。而HTML和JavaScript远算不上最好的软件开发语言,但它们也许是历史上最成功的开发语言。若不顾所有聪明的、有良好目的的人们的期望,名单还可以一直罗列下去。甚至就在今天,各种各样被专家批评的想法——包括那些你自己的专业领域里的——正在获得采用。

在第4章,我们探讨了创新传播的心理学因素,列举了个人作出的选择是如何影响创新的采用的。现在,是时候对影响因素进行更广泛的分析了。总结历史,有7个因素扮演了主要的角色:

---

[10] Witold Rybczynski,《One Good Turn: A Natural History of the Screwdriver and the Screw》(Scribner, 2001). 参见 http://inventors.about.com/od/sstartinventions/a/screwdriver.htm。

[11] 这是一项有争议的声明,其准确性跟时间有关系。在越南战争期间经常有这样的抱怨,但有人宣称20世纪70年代以后由于改进了弹药和做了其他一些修改,这些问题就没有了。我不是这方面的专家,但我有足够的证据可以把这一点自信地列在这段里面。参见 http://www.time.com/time/magazine/article/0,9171,843858,00.html。

- **文化**。火器很有可能是在13世纪的时候由中国人发明的，但由于各种文化以及地理的因素，火器在中国并不像几个世纪后在欧洲那样发展迅速[12]。在一些亚洲文化中，用剑和传统的方式战斗更有尊严，尽管使用火器有种种军事上的优越性，但这些优势被忽略了（这一点得到了电影《星球大战》中杰迪武士的伤感回应）。最好的技术只是创新的一面——而创新如何符合文化的价值观通常力量更强大些。比如，想象在美国，如果发明一个装置可以让人在工作中心灵感应，但这需要把邻居的狗做成午餐或者在公众面前裸体，这两项都是美国文化的禁忌。创新的确改变了社会，但它们必须首先符合现有价值观才能得到认可。

- **主导性设计**。QWERTY键盘伴随着第一台打字机诞生。当克里斯托弗·肖尔斯（Christopher Sholes）创造这种布局的时候，他没有想到会有几百万人来使用它——他只是需要一种不会卡住他的机械按键的设计。一旦打字机成功之后，第一台电脑的设计者想让人们可以轻松转到他们的新发明上来，也就照搬了打字机的键盘设计。很多主导性的设计是依靠其他创新得到推广的。后续设计或许会更好，但为了获得认可，它们必须在改进主导性设计的基础上留有足够的余地，以便让转换的代价是值得的（例如，重新学习打字）。先前设计的主导性越强，这种转换的成本就越昂贵（比如，试图创新或者统一全世界电力插座的形状）。

- **遗产和传统**。美国对公制度量衡系统的拒绝正试图成为传统：美国已经知道了英制系统，为什么还要学习另一个？（参见本章后面部分"空间、度量和托马斯·杰斐逊"。）一些人把他们的舒适和好的信念混淆了，所以，继承下来的观念（包括偏执的罪恶、愚昧无知和都市传奇）常常都被这样的人保护着，他们打着光耀父辈和过去信仰的旗号给创新造成了伤害。这是一个特殊的文化因素。

---

[12] 肯尼斯·蔡司(Kenneth Chase)，《Firearms: A Global History to 1700》(Cambridge University Press, 2003)。

- **政治：谁受益？** 在政治活动中常常没有什么恶意——人们只是单纯地为了自己的利益采取行动。在任何情况下，只要问一句：如果我们选择 X 的话谁受益，而如果选 Y 的话又是谁受益？你可以通过计算新想法对实权人物的影响来预测他们将作出怎样的回应。那些掌权者的利益影响了历史上每个创新的采用或者拒绝。饥饿、战争和贫困是很严峻的问题，但如果让那些问题继续存在符合某些人的利益，就会有很强的动力促使他们让这些严峻问题继续存在。任何以解决那些问题为目标的创新必须考虑获得成功所需的政治因素。[13]
- **经济**。创新是昂贵的：改换到新事物的成本是否值得？每个人或许在抽象意义上同意创新是更好的，但所需的财务支出可能把创新变成不可能或者充满了没理由的风险。主导性设计（参见上面）在替代的时候是昂贵的。时间或者金钱通常只够一个领域的创新使用——其他的创新被拒绝不是因为它们不好，而是因为它们的价值在某一时刻的优先级还不够高。
- **好是主观性的**。在房间里面找 3 个人询问，你会得到 5 个好的定义（参见第 10 章）。前面提到过的壁炉之所以流行是因为它的外观而不是功能。在创新被提出的时候消费者的价值、品位和观点区别很少被研究过，甚至在创新完成之前也没有，这会造成创新者发明公众并不需要的发明。明智的创新者研究他们的消费者，尽早掌握他们的需求使之成为有用因素。经常被引用的 Beta 和 VHS 的例子就可以说明这一点：VHS 成功的一个关键因素是磁带的长度（3 个小时，对于一部电影足够了，而 Beta 只有 1 个小时），与 Beta 的图像质量更好这一优点相比，长度对于消费者而言是更重要的因素。[14]
- **短期和长期思维**。好的一个组成部分是时间：这项创新需要被使用多久？很多高级的想法被拒绝是因为社会对廉价、短

---

[13] "如果想要理解一项新科技，可以自问这项科技落入罪犯、警察以及政客的手中，他们将会如何利用它。"——威廉·吉布森（William Gibson）

[14] http://technology.guardian.co.uk/online/comment/story/0,12449,881780,00.html。

期赢利的东西感兴趣。在20世纪30年代，大多数美国城市有公共交通系统——仿造欧洲的成功设计的电车系统。但在20世纪50年代的快速发展时期，随着汽车动力的刺激，电车被取消了，取而代之的是给汽车使用的车道。今天，很多城市都为当时的改变感到遗憾，用新的轻轨系统近似地复活了电车。想法好处的变化依赖于它们对未来的影响被考虑得有多少。

下次当你目睹某个伟大的想法被拒绝，或者一个糟糕主意被接受，这个列表会帮助你揭示真正起作用的因素。接下来我们分析两项创新，揭示这些次要因素在过去是如何发挥作用的。

空间、度量和托马斯·杰斐逊

1999年9月23日，美国航天航空局价值3亿美元的火星探测器从地球开始在太空飞越了几百万英里之后，引擎点火以便慢下来进入火星环绕轨道。它在太空10个月的旅程结束了，这个航天器在火星天空上方以每小时12 000英里的速度平静飞过。它完成了所有预先设定的指令，当时正打算转到火星的背面，做第一次消失。地面的指挥人员正充满期待地等待探测器，在花了10年的时间制造之后，会重新出现在火星的另一面（参见图8-1）。10分钟后，这已经超过预期时间很多，它没有出现。任务控制人员害怕出现了最坏情况。他们搜索了火星大气但什么也没有发现：探测器消失了。

后来他们才知道飞行器进入了一个错误的轨道，飞得太低。与正常的火星环绕轨道不同，飞行器运行在一个致命的角度上而被摧毁在火星大气当中。他们花了更长的时间才了解事故原因：某种情况下，某个地方，一个等式在把单位从公制换算成英制的时候失败了，3亿美元的探测器就此被送上了注定毁灭的道路。它失败的命运甚至在发射之前就注定了。

图8-1. 可怜的小火星探测器。如果当年杰斐逊成功了,这个航天器或许已经完成了它的火星之旅。

正如在通常情况下一样,这次失败有很多原因。探测器是美国航天航空局以创新自由的名义,为了缩减流程加快创新而提出的"更快、更好、更便宜"计划的一部分,但同时这个计划也增加了风险——对创新经理们而言这是一个常见的进退两难的境地(速度缩短了流程同时也降低了质量)。但在失败链条里有一环是度量系统本身:为什么全世界,尤其是美国,仍然使用两套度量系统?

公制度量系统已经使用了200多年了。它被世界上193个国家中的190个采用,而且跟英制系统相比公制系统有很多优点(解释简单)[15]。汽水罐,比如可口可乐或者百事可乐,仍然同时列出英制和公制度量(12盎司/354毫升),这就像一个古怪的证明,表示采用了政策的折中处理——采用公制度量的好主意就被忽略了。即

---

[15] 正如你所预料的,关于英制系统和公制系统的相对优势以及在美国转换到公制系统的成本的辩论是没有终结的。关于国际使用度量系统的细节,参见 *http://lamar.colostate.edu/~hillger*。关于优缺点,参见这些网站: *http://www.metric4us.com/* 和 *http://ts.nist.gov/WeightsAndMeasures/Metric/mpo_home.cfm*。

使是在英国，英制系统（英尺/加仑/英里）的故乡，也在几十年前转向了公制系统。

美国版本的公制度量故事，是一个创新被提议而又被拒绝的传奇，始于托马斯·杰斐逊。在他担任国务卿的时候，托马斯·杰斐逊开创性地建议美国政府替换英制度量系统。[16]英制度量系统是一个杂凑古怪的度量系统，传承自巴比伦人、罗马人和萨克逊贵族，这个系统有点像一堆半生不熟的传统以及盲目服从的规则（参见前面列表里的"遗产和传统"）。比如说，"码"是用国王们戴过的皮带长度来定义的（如果这些国王在那个时代不是那么肥胖，谁知道我们的橄榄球场会是什么尺寸）。由于被英国统治者推行了很多年，英制系统毫无疑问地被北美的英国殖民地采用了。但杰斐逊是一个聪明而自由的思想家，他知道设计一个更好的度量系统不会很难，而且对于当时新成立的美国会有很大的价值。他着手工作并且很快就有了计划，这个计划类似于几年后由法国定义的公制系统。

杰斐逊把英制系统的英尺分成10个单位，每个单位称为"线"，再把线分成10个单位，每个单位称为"点"。在杰斐逊看来，使用十进制算术堪称完美，因为这样使单位之间的转换变得容易。（快速回答：一加仑有多少盎司？一夸脱有多少杯？[译注4]我们有10个手指，基于10的算术让很多问题变得容易。）杰斐逊也为更大的度量制订了类似的十进制系统——调整了英尺、码和英里的尺寸以便能够匹配10的倍数——并且最后在1789年把这个计划提交到国会。一切都很不错。他大概已经在幻想把一切都变成十进制的，从时间的单位到爱情的表达。这在年轻的杰斐逊心中期望值一定很高。

---

[16] 这里是杰斐逊的简单提议：*http://avalon.law.yale.edu/18th_century/jeffplan.asp*。

[译注4] 作者在这里提些问题是想举例说明英制度量系统换算比公制系统麻烦。1加仑等于128盎司，1夸脱等于4杯。

计划在提出之后受到了重击（大约每平方厘米有4.5千克的力）。国会虽然没怎么反对但把这个计划置之不理：随着时间的推移，这个主意就会被淡忘了（参见前面列表中的"政治：谁受益？"、"经济"和"短期和长期思维"）。在大西洋的另一边，18世纪90年代法国开始正式推行公制系统，几十年后它就被推广成为欧洲的主导性度量系统（尽管过程漫长而且坎坷）。[17] 公制系统之所以能够成为主流的度量系统跟法国大革命有很大的关系，在公制系统颁布前大革命才刚刚结束。一个普遍的经验是，大的创新，比如说政治革命，会带来许多或好或坏的改变。公制系统乘着法国政治创新的浪潮，就像QWERTY键盘的发明是乘着打字机技术创新的浪潮一样。

到了1866年，公制系统的普及迫使美国对75年前杰斐逊提出的建议作出回应，来决定自己的度量系统。这次国会采取了行动，但只是装装样子。他们起草了一部法案宣布公制系统是合法的——不强制也不鼓励，只是合法——如果人们"选择"公制系统的话。[18] 采取这样的推广手段，公制系统怎么能够成功？那就好像父母跟孩子说他们现在被允许一天打扫三次房间。没有美国人改变度量系统，所以英制系统依然被保留了下来。对于个人企业主而言没有任何动力促使他们更换他们的设备，无论杰斐逊——或者任何度量系统的客观思考者——的想法有多好。另外只有几个软弱无力的措施被用来推广公制系统，包括要求在食物上用公制和英制两种标注（汽水罐也同样），但到今天也没有进一步的措施被采用。

有人认为公制系统在美国的情况是需要一只强有力的手：产生飞跃的唯一办法就是强制。开个玩笑，想象用一个不同的设计来替代QWERTY键盘会带来世界和平或者保证人类生存的延续。全世界需要做什么来替换它呢？一个大国呢？6个月以内呢？像这样的任务是困难的，因为改变的成本是天文数字。除非，就像QWERTY的采用是乘着打字机科技的浪潮一样，有一个更大的创新浪潮用

---

[17] http://www.sciencemadesimple.com/metric_system.html#History。

[18] http://lamar.colostate.edu/~hillger/laws/metric-act.html。

更好的设计来替代QWERTY（或者就像科幻电影里的那样，整个就不再使用键盘了），否则在这方面要做出任何进步都将会很困难。

有些创新——比如汽车的安全系统或者房屋建筑的环境安全（例如，无石棉）——的成功只是因为政府提供了动力或者惩罚措施来推动（在某些情况下，主流设计都被宣布为非法的）。如果社会的总体收益大于个人收益，还有什么其他的进步发生？（比如，强制小学教育对社会有好处，但不受孩子们的欢迎。）然而，那些相信创新的强制手段能够对抗自由市场本性的人经常发现事与愿违。事实是复杂的：有时强制采用创新会生效，而有时又不会。所有情况下最好的教训就是成功更多地是被前面罗列的因素决定的，而不是由强制推行创新的人以及他们推行得有多努力决定。用5 000万美元来推广一个产品，跟文化、主流设计和政治的力量比起来，付出的5 000万美元是微不足道的。

如果要把那些因素完全地应用在度量的例子上，可以这么分析：英制系统是当时美国的主流设计。虽然公制系统有优越性，但没有人说服美国的政治家或者人民，为什么进行度量系统的转换花费是值得的。从政治的角度思考，对于一个商人或者政治家而言进行转换会有什么好处？而且在杰斐逊离任之后，为什么没有人愿意来领导他所提议的度量系统转换？少数受益于公制系统的人在1866年的《度量法案(Metric Act)》之后获得了正当名义，但反对的人却从来没有受到转换的推动。

好/用的矛盾

好的敌人是最好。
——伏尔泰

另一个关于想法的好和它的成功之间微妙关系的绝佳例子是万维网所依靠的技术。当蒂姆·伯纳斯·李发明万维网的时候，他并没有考虑到技术发展的未来。他选择用来制作网站的工具，称为

HTML，只是反映了他对将来的网络文档的简单想象。他没有想到网络会自己成为网络经济，拥有在线书店和网上银行，也没有想到数十亿的个人和专业网站会成为当今人们的首选信息交换工具。与此相反，当时蒂姆·伯纳斯·李想到的是科研论文，那种有大量文字信息，只能用来读的交流方式，因为论文才是他为之工作的科研机构所关切的东西。

蒂姆·伯纳斯·李对简单性的激情如此强烈以至于他一开始就贬低了图像和多媒体的角色，专注于文字内容。出于此目的，HTML是轻量级的、简单的和易学的。为什么要用不必要的其他编程语言的功能来拖累HTML呢？他特别想要某种比复杂的软件编程工具更简单些的东西，这样人们才能轻松地制作网页。1991年，第一个网络服务器诞生并运行了，伯纳斯·李的同事们很快就制作了他们自己的网站和网页。[19]

1993年，全世界有130个网站，但在半年之内，网站的数量就翻了4倍。到1995年，网站的数量已经超过了23 000个，而这个数字还在以每年两倍的速度增长。[20]最简单的文字处理软件就可以用来参与网页制作,大家也的确就这么参与了——很大程度上让伯纳斯·李和整个世界惊讶。

那时，许多计算机专家都对万维网的基础技术不甚满意，他们认为这些技术运行速度慢、不安全和不完善。直到今天很多人也这样认为。这些人相信他们了解得更透彻，而如果他们能够回到过去的话，一定会告诉伯纳斯·李或者制作第一个商业浏览器Netscape的伙计们该做什么，所有那些慢、不安全或者不成熟的问题可能就被统统解决了（肯定不会再有一个制作闪烁效果的标记）。[21]陷阱在于，假如这些人如愿以偿了，那么他们会以一个完

---

[19] *http://www.w3.org/People/Berners-Lee/ShortHistory.html* 和 *http://www.w3.org/History/1989/proposal.html*。

[20] *http://www.mit.edu/people/mkgray/growth/*。

[21] 甚至闪烁效果标记的发明者也后悔了：*http://en.wikipedia.org/wiki/Blink_element*。

全不同，而且很可能不那么成功的万维网收场。尽管万维网正在挣扎着要建立隐私、安全和其他的一些好东西，但如果这些东西在1993年的时候就已经被考虑到，那么它们的技术难度很可能提高了门槛，减缓或者扼杀了我们今天所熟知的互联网的成长。

推广创新的要素，从第4章所列的个人要素到更早列举过的更广泛的要素，很大程度上都与使用的简易性有关。互联网和手机的使用比过去其他技术的使用攀升得更快的原因不是因为当今的事情发展得更快（也不是因为这些技术跟过去相比是更大的跨越式发展），仅仅是因为入门的门槛低而已。人们已经有了个人电脑和电话线，这使得互联网的使用又简单又便宜（经济性）。对于手机而言，大众群体已经每天都在使用个人电话和无绳电话，而他们的频繁使用也被社会行为认可（文化）。你想想，手机不过就是个通话距离可以无限（哦，有时）远的无绳电话。互联网和万维网，虽然让人叹为奇观，也只是个人电脑和已经投入使用的调制解调器的延伸——AOL已经让几百万人学会使用电子邮件，而文字处理软件是个人电脑上的常用程序。

为了好玩，我们把好（专家的角度）和那些推动使用的要素（参见图8-2）剥离开来看，好/用的矛盾就出现了。从专家认为什么是好的角度来看，有比伯纳斯·李的万维网更好的发布和联网的技术。特德·纳尔逊（Ted Nelson）和道格·恩格尔巴特（Doug Engelbart）已经谈论和展示这些技术几十年了。但是那些所谓"更好"的想法在1991年被采用的时候可能会用提高使用门槛的方式展现在大家面前。即使在最好情况下，也要花费更多金钱去建造和花更多时间来工程制造。这些额外的障碍是否会阻挡万维网的成功或者只是改变它的进程，我们不得而知。也有可能这些其他的网络设计会有伯纳斯·李的万维网所没有的优势，那这些设计就会对易用性产生积极的影响。

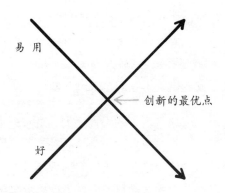

图 8-2. 专家们描述的好的概念经常与易用性冲突。

这表明最成功的创新不是最有价值或者最好的想法,而是那些出现在最优点上,居于专家角度的好和易于使用的中间,赋予了所有次要因素组合的不确定性。好的理想主义和好的概念之所以能够成功是因为人们受到了诱惑,包括人们尝试新事物的局限和不理性、时代的文化以及当时的事件。这也解释了为什么第一个创新——受到完全自信的想法驱使——是多么容易被市场打败,被人们的认知打败,以及被后来者妥协的意愿所打败。

第 9 章

问题和解决

问题和解决　　　　　　　　　　　　　　　　　　　　　　　　　　153

在离伦敦几英里外的一幢木头房子里，艾萨克·牛顿独自在烛光下不眠不休地工作着。成堆的纸张、日志和试验笔记散落在屋子里。除了解释引力、发明微积分和革新科学外，他真正的激情——让他在没有电灯的时代里彻夜不眠——是把铅变为黄金。[1]这个18世纪的对哲学家之石的寻求——把一种元素变为另一种元素的方法——占据了很多伟大人物的心灵，包括培根、波义耳(Boyle)、洛克和莱布尼茨，在当时这被认为是那个时代最伟大的技术挑战。人们只能猜测这些最聪明的头脑总共浪费了多少个月的时间来追求这件不可能的事情。尽管拥有无与伦比的天赋，牛顿可能也已经碰壁（也许是为了给被苹果击中做准备），因为今天我们已知的物理定律决定了他的工作是明显地浪费时间（参见图9-1）。[2]

图9-1. 威廉·布莱克(William Blake)的牛顿画像，把他表现为一个失落的英雄。布莱克感觉到牛顿试图通过科学和炼金术解决一切问题是被误导了。

---

[1]　http://www.pbs.org/wgbh/nova/newton/alch-newman.html。

[2]　但是，仅仅根据今天已知的物理定律认为牛顿是错的并不意味着他真的错了。我们对于能量、物质或者粒子物理的理解上的突破也许会揭示牛顿关于哲学家之石存在的可能性的认识是对的。

有人说所有的创新都是信仰的飞跃,但理智的人(或者至少是那些有按揭贷款的人)思考这个问题:当你在追求某个东西的时候,怎么才能知道它是不是类似于圣杯、哲学家之石或者永动机这类虚无缥缈的东西?在企业家和发明家把自己的身家性命都赌在一个想法上面的时候,他们想要知道它的可行性。如果可行,那他们有没有足够的天分和热情把这个东西最终做出来?假如即使是像牛顿这样的人物,人类历史上最伟大的头脑之一,也会花费好多年的时间徘徊在一件不可能做出来的发明上面,那么一个资质平平的人怎么能够指望把可能性从不可能里过滤出来呢?唯一得到答案的希望就在于透过神话看清本质:解答问题远没有发现问题重要。

牛顿的错误就在于他选择了错误的问题,而不是他用来解决问题的方法。发现问题——解答问题的表兄弟,害羞、满脸雀斑但很自信——是定义挑战的实质以便可以使其更容易被解决的技艺。牛顿的选择在研究开始之前就把他送上了失败之路,而很多本来可以成为耀眼明星的发明人也犯了类似的错误:他们没能够花足够的时间来探讨和理解问题的实质就试图解决问题。

问题就像邀请函

"问题"这个词常常意味着出现了糟糕的事情,就像"休斯敦中心,我们有问题"或者"你们的金枪鱼沙拉有问题",但成功的创新通常把注意力更多地放在问题而不是答案上。爱因斯坦曾经说过,"如果我有20天来解决一个问题,我会花19天来明确问题",这是个宝贵的洞察力,只是被他在第20天里所取得的成就淹没了。这一点跟直觉相反,因为表面看起来问题很少需要被理解。比如说,如果鲍伯的裤子上全是着火的凝固汽油,或者简正被一群极度狂暴的僵尸罗特韦尔犬(Rottweiler)追赶,他们真的需要坐下来想清楚再采取行动吗?在日常的经验中,问题是某种我们想要很快地摆脱掉的东西。例如,我们知道鲍伯应该脱掉他着火的裤子,把它扔向那些牧羊犬，迅速地把简带离危险，在没有裤子的魅力下，度过一个英雄主义的浪漫下午。

但创新者们所选择的挑战是没有已知答案或者被认为根本就不重要。没有人要求伽利略解释太阳系，要恩格尔巴特发明鼠标或者要贝尔创造电话。他们看到了世上还没有被明确的问题，然后自己致力于明确并解决这些问题。爱因斯坦还是个默默无闻的专利办事员的时候，他发明相对论的动机并不是他的女朋友认为那很可爱，也不是他的老板威胁说如果不得诺贝尔奖就开除他，而是出于内心的好奇。爱因斯坦按照他自己的逻辑，问了别人都不愿意问的问题，当他看到这个问题没有答案的时候，就致力于找出他自己的答案而已。

实际上，发现问题需要和解决问题一样多的创造力。看待任何问题都有很多方式，而理解问题才是通向创造性答案的第一步。用约翰·杜威（John Dewey）的话来说，一个被正确定义的问题就是答案的一半[3]。而且如果你与众不同的创新需要其他人的支持，那么一个被清楚定义的问题有助于形成纽带并且从无到有建立团队。作家约翰·希利·布朗曾经说过："当我们具备对问题追根究底的精神，那种倾听问题的追求带来了一些纪律和一些技艺。问题把人们聚在一起。"[4]

明确问题有助于解决问题

创造性地描述一个挑战的方法之一是把它和另外一个已经被解决的挑战进行比较。斯科特·库克（Scott Cook），Intuit（Quicken和Quickbooks软件的制造商）的创始人，感觉到要解决的问题并不是去做一个好的会计软件，而是其他完全不同的东西："最大的竞争者……不在软件行业当中。它就是铅笔。铅笔是顽强且抵抗能

---

[3] 那句话是这样说的："问题阐述清楚就是答案的一半。"约翰·杜威是20世纪早期的哲学家和教育改革家。不过可能发明家查尔斯·F.·凯特林（Charles F. Kettering）才是真正说这句话的人。

[4] 摘自《Breakthrough: Stories and Strategies of Radical Innovation》一书中的一次访谈，作者是Mark Stefik和Barbara Stefik（MIT Press, 2006）。

力很强的东西。而整个会计软件行业都忽视了它。"[5]他创造性地明确了问题的实质，然后调整了团队的视角来寻找比铅笔和纸更好用的解决方案。即使他的竞争优势包括有更多具有天赋的解决问题的人、工程师或者设计师，但斯科特·库克开创性的问题明确赋予了他竞争优势。每个人都可以运用库克的基本问题明确策略，选择一个强有力的参照物（铅笔），然后明确与之有关的挑战（卖软件），他在写代码之前就赢得了机会。

这样的模式在创新的历史中随处可见，但通常都隐藏在耀眼和突破性的解决方案神话的背后。作为一个测试，回溯任何成功创新的轨迹，只要回溯得足够远，你都有很高的几率来发现成功创新的背后都有一个创造性地明确的问题。当爱迪生作为灯泡的发明先驱而忙碌时，他就像一个聚会上的迟到者：已经有几十个发明家在爱迪生之前为发明灯泡尝试了很多。爱迪生的成功来自于他用不同的方式来定义挑战的实质。他把灯泡看作一个系统，问了这样的问题："人们怎样在家里得到电力为电灯供电？而这个电力从何而来？"仅有一个灯泡是毫无用处的，而爱迪生知道原因。

在电灯发明之前城市已经投入了几百万的资金在煤气灯上面，这就让新科技的采用变得令人难以置信的昂贵——即使是有完美、廉价的灯泡在打折出售。由于以前做过商人，爱迪生不愿把伟大的灯泡做出来却没人会买。他真正的任务并不是像我们通常想的那样，"做一个能用的灯泡"；相反，爱迪生对问题进行定义，把目标设为"制造一个电力系统让城市能够习惯于采用我的灯泡"。毫不令人惊奇，爱迪生的发明哲学是1%的灵感加99%的汗水。[6]由于相

---

[5] 摘自《From Harvard Business Review on Innovation》(Harvard Business School Press, 2001)。

[6] 特斯拉(Tesla)，爱迪生的一个竞争对手——被很多人认为是超级发明家——关于爱迪生的发明方式说了这样的话："如果爱迪生要在一个干草堆里找一根针，他会用蜜蜂似的勤奋来一根麦秆接着一根麦秆地处理，直到他找到为止。我是这些事情心怀遗憾的旁观者……稍微研究点理论就能节省他90%的劳动。"引自《The Engines of Our Ingenuity》。

信自己选择了正确的问题进行解决，爱迪生知道他的成功只是时间问题。爱迪生避免了哲学家之石式的挑战，或者今天的（缺乏）宏大物理统一理论，让他明白成功的可能性还没有完全的保障。

类似的清楚定义问题的故事来自于个人数字助理（PDA）的兴起。在几十年中，人们谈论着能够处理日程、联系人和个人信息的手持设备。在20世纪80年代和90年代早期，惠普、西门子、夏普和苹果都投入了几百万美元开发PDA产品但都以失败告终。似乎一款成功的PDA就像牛顿的哲学家之石——是一项不可能的任务。这一切在1996年Palm Pilot发布时戛然而止，Palm Pilot成功地克服了羁绊竞争对手的挑战，PDA变成了一个价值十亿美元的生意，长久地影响了手机和电脑的设计。

Palm成功的关键因素在于他们定义了不同于竞争对手的挑战。不是专注在工程技术的制约或者计算机革命的崇高梦想上，而是专注于顾客的需求。杰夫·霍金斯（Jeff Hawkins），Palm的创始人，把原因归结在他的团队熟知不少于竞争对手的顾客对以前的PDA的反馈信息。为什么不谈谈人们已经有明确需求的东西，而把重点放在那时的公司能提供什么东西上面？

霍金斯在家花了一个晚上，在一个记事本上得出了以下Pilot项目的目标清单：[7]

- 适合放入衬衣口袋
- 与个人电脑无缝同步
- 运行速度快，容易使用
- 价格在299美元以内

---

[7] Andrea Butter 和 David Pogue，《Piloting Palm: The Inside Story of Palm, Handspring, and the Birth of the Billion-Dollar Handheld Industry》（Wiley, 2002），第73页。

在1994年，这些目标都雄心勃勃——它们是不可能达到的。如果你在那时给任何一个PDA的公司看这些目标，你会被告知还是回家算了。只有霍金斯意识到解决这些问题是通向成功的唯一真正途径。手写输入辨识、彩色显示屏或者时髦的键盘都是很不错的想法，但都不是必需的。如果Palm能够面对以上4个挑战，霍金斯相信它有很高的成功几率。

仔细看看那4个带点的项目：每个当中都蕴含着巨大的能量。注意看霍金斯的目标不是要体积小或者便于手持，而是特别地指出要足够小以便放到一个衬衣口袋里去。这是一个很有洞察力的标准，因为衬衣的口袋尺寸是经过时间检验，为了盛放各种物品（打火机、香烟盒、名片以及和Palm最相似的东西——计算器）而设计的，通过用这种方式定义挑战的实质，霍金斯的团队把解决问题的努力集中在会获得回报的方向上。在霍金斯列出上面清单的时候，他并不知道如何来满足这些条件，但花时间来弄清需求本质的行动是很值得的。

其他著名的创新项目也是基于类似的定义。加里·S. 林恩[8]（Gary S. Lynn）所写的《Blockbusters》一书研究了其中很多的项目以及它们是怎么来的（见表9-1）。最为有趣的是这些目标看上去都很简单，因为它们对于要解决问题的定义都很清楚，比那些复杂的有力多了。这些简单的描述让人过目难忘，所以在开发的时候这些目标就成为有用的测试。

Palm Pilot的成功很大程度上来自于它作为一个产品的简单性——一种完全被自己定义的约束条件所驱动的品质。在安德里亚·巴特（Andrea Butter）和戴维·博格（David Pogue）的《Piloting Palm》，一本关于Pilot的发展历史的书中，这些标准使得决策者们能够保持产品如此容易使用的特性。

---

[8] Gary S. Lynn,《Blockbusters》(Collins, 2003)。

表9-1. 著名项目和它们的目标（出自 Lynn, BackPack 项目除外）

项目	问题定义/目标
Apple IIe	降低成本 简化制造流程 赋予现代感 看起来像 Apple II
最初的 IBM 个人电脑	打败苹果电脑 在一年内完成
Palm Pilot	适合放入衬衣口袋 与个人电脑无缝同步 运行速度快，容易使用 价格在 299 美元以内
37signals 的 BackPack[a]	生活是悠闲的 Basecamp 这个产品杀伤力太大 网页上要有简单的工具 提醒我远离电脑

[a] BackPack 是一个创新的基于网络的组织工具。本书使用 BackPack 的目标列表获得了在 www.37signals.com 上它的作者们的许可。

> 霍金斯，作为那些会议的主持人，坚持把在他看来不必要的功能排除在外而不让步。就算一台新的PDA机型会不成功，那也不会是因为堆砌了太多不必要的功能，就像以前的那些机器那样……很快整个团队都变成了砍功能的高手。[9]

团队对核心约束条件的专注使得 Palm Pilot 的伟大成为可能，这也是成功创新的必要因素。

通过挑选强有力的目标来抓住问题实质不是什么新想法：想想《摩西十诫》、美国《权利法案》甚至是好游戏的规则。如果詹姆斯·内史密斯（James Nesmith）当时把篮球圈的高度设为25英尺而不是10英尺，迈克尔·乔丹将永远也不能够飞身灌篮。如果当初棒

---

[9] 摘自《Piloting Palm》，第81页。

球的发明人规定球击出防线外是出界而不是本垒打的话（其实出界更符合逻辑一些），汉克·亚伦（Hank Aaron）将不会有755个本垒打。就像那些创造性英才，如最聪明的设计师、程序员或者商业分析师一样，选对问题来解决并且小心仔细地定义问题实质，从而为他们的天分开创出一片游乐场。明确良好的约束条件让人误以为很简单，找出问题也没有解决问题那样光彩，然而基于明智的约束条件获得成功的创新数目繁多，证明值得为定义约束条件花费时间。

使用原型来探索问题

如果明天上班的时候你看到你们公司最聪明的人正坐在桌子旁，在一台显示器和鼠标全是木制的电脑上打字——没有任何电子元件或者任何部件——你会做何感想？在Palm Pilot的开发中，真实的故事是霍金斯设计了一个木制模型。早先，在用难以达到的目标明确了挑战的实质后，他就去自己车库的一个小工作间里，花几个小时又锯又凿。尽管这并不容易，有些决定还是因为条件所限显得比较直接：能够满足条件的设计方法仅有有限的几种。比如，要适合放入衬衣口袋，设备就只能用AAA（七号）电池——还没有其他已知的能源能够在那样的形式下供能。因此，他的模型就假定使用AAA电池。类似的考虑也强迫决定了屏幕的尺寸，并且导致了不带键盘的决定（霍金斯还用刀砍断一根筷子做成一个替代性的触摸杆）。花了几个小时，他就做了一个Pilot原型，在第二天带到了办公室。

霍金斯第二天就带着那个木头PDA参加所有的会议，装作在用一个已经完成的产品而不是木头模型。他在它上面"写"，小心翼翼地把它从口袋里掏出来又放回去，让团队里的工程师和市场人员很是沮丧。这些人一定在想为什么，为了一个前沿科技的项目，他们的带头人会拿着一个雕凿粗陋、没有电路的仿制品，而被仿制的东西甚至还没被设计出来。

对于霍金斯而言这么做的价值是显而易见的：他还能够用什么方式来摸索呢？他还不确定"设计适合放入衬衣口袋"是不是确切地抓住了外形的因素。有可能PDA的形状应该像一根香蕉或者一个魔方。或者也许有其他他们以前从没想到过的标准只能在使用模型的时候发现。对于霍金斯而言，没有其他的方法来回答这些问题。用他自己的话来说："创新的一个根本之处在于想象新的产品或者服务。你必须在它还没被设计和建造之前就使用并且体验。"在处理复杂问题和许多未知因素的时候，只有找到聪明的办法来测试设计应对挑战的能力，才会有所创新。

研究过任何创造性领域的人——绘画、工程、音乐、写作甚至是影视制作——都知道这些领域其实不存在以前从来没有过的东西。毕加索用基本的素描花了几个小时创作了他的杰作《Les Demoiselles》（他说过，"构造一个东西的模型就是对它进行处理"）。莱特兄弟建造了美国的第一个风洞以便研究他们制作的飞机原型。在创新中，由于问题太大而无法用传统方法解决时，除了构建原型外别无他法。

关于意外发现的事实

当伯西·斯宾塞博士（Percy Spencer）在摆弄一些雷达设备时，发现口袋里的糖块熔化了，他完全可以把糖块一扔了之。全世界雷达实验室的人都有过类似经验，口袋里的巧克力或者食物会熔化，已经习以为常了，除了把这些一塌糊涂的东西扔掉后回来继续工作外，他们不会做任何其他的事情。因为绝大多数高智商人们的大脑的理性和逻辑部分都会让这些人采取类似的举动（除掉令人不快的部分，然后尽快把它忘掉），而斯宾塞采取与众不同的反应是非常奇怪的。记着，他基本上只是在口袋里发现了一块还温着的垃圾，然后就决定花这一天剩下的时间来摆弄这些软掉的巧克力豆，不顾实验室里他周围那些价值几百万美元超级酷的最高机密的防务设备。

想象一下斯宾塞正处在某个奇妙的时刻：独自在实验室里，昂贵设备上的灯泡在四周闪烁，他的眼睛呆呆地盯着两根沾了巧克力的指头，他的衣服和实验室工作服上也沾上了"好时"巧克力的污渍，绝对该洗洗了。如果你在那一刻走到他旁边，你会认为他肯定疯了：一个手上沾了巧克力的呆子。虽然斯宾塞还不知道这是怎么回事，这次与机遇的碰面——那一刻他的好奇心已经远远超出了他的理智所能控制的范围——将把他带向微波炉的发明之路。由于对导致熔化产生的热量来源很好奇，他放了一些爆米花，然后是鸡蛋，在最近的雷达微波管附近。爆米花爆开了，鸡蛋也爆炸了。他很快获得了进一步试验的支持，然后他花了以后10年的时间把这个偶然发现开发成了全世界使用最多的家用电器之一。

微波炉、伟哥、易开启的汽水罐、创可贴、尼龙和X光，就像传说所讲的那样，都是偶然的发现。记者和教师都对偶然发现的传说在创新历史中扮演的伟大角色非常着迷，那其实只是灵感神话（参见第1章）的另外一个例子而已。以这个形式出现的神话认为创新是偶然的，只要人们运气足够好，在正确的时间出现在正确的地点就能够大把地收获回报。这些神话所隐藏的双重信息是，好事可以发生在任何人头上——每个人有同等的机会。但它也是具有欺骗性的：尽管偶然的发现在创新中起到了开端的作用，但真正有意义的是人们在碰到机会后做了什么，而不是发现机会本身。

在我们的日常生活中，当我们看见无法解释的事情时都会感到奇怪。我们的条件反射是忽略这些时刻或者找个理由解释一下。我们按照预先的计划前进并且装作没看见或者思考我们认为自己看见的东西。然而就是这些时刻，对于创新者而言，是幸运在敲门。除了奇怪、古怪和以前没有的体验，新知识还会以什么其他的面目出现在人们面前（参见第6章）？创新者的反应必须是追逐这些时刻，直到好奇心被耗尽或者新的解决方案被找到为止，不管这两种结果哪个先出现。但对于绝大多数人而言，就算是在任何一个特别时刻，我们都会退回到舒服的幻觉中，认为我们已经知道了所需知道的一切。我们忘记了现在所秉承的常识是,几年或者几个世纪以前,一个创新的头脑愿意忽略她那个时代的常识才会有的新发现。

第 10 章

创新总是好的

创新总是好的

> 问题产生的首要原因来自解决方案。
> ——艾里克·塞瓦赖德（Eric Sevareid）[1]

在1903年，两个疯狂的年轻人，没有经过任何工程培训或者大学教育，建造了一个全世界都跟他们说造不出来的机器。在离北卡罗来纳的小鹰市几英里远的杀魔山（Kill Devil Hills），在凛冽的寒风中，当时风速为每小时30英里，莱特兄弟第一次造出了由人进行控制的持续动力飞行器（参见图10-1）。奥维尔·莱特（Orville Wright）猜赢了扔硬币游戏所以第一个飞，但之后兄弟俩轮流试飞，进行了4次才取得了那天的首次成功。尽管他们的成就令人惊叹，但没人注意：5个从邻村来的男孩构成了观众的主要部分。只有两个小报不嫌麻烦地报道了这次事件，因为它看起来很像奇闻轶事，而不是一次技术上的重大突破。虽然难以置信，但莱特兄弟把飞机降落在了一个对它不是非常感兴趣的星球。世界不得不等上30年才迎来商业航空工业。

图10-1. 一架早期莱特兄弟的滑翔机在著名的杀魔山试飞。

---

[1] http://www.museum.tv/archives/etv/S/htmlS/sevareideri/sevareideri.htm。

动力飞行器的开发中最有趣的部分还不是缺乏开发兴趣，而是莱特兄弟向潜在投资人推销他们想法的方式。他们没有提到飞机可以成为价值几百万美元的工业，也没有提到飞机可以成为跨越这个星球革命性的旅行方式，或者是飞机可以把全世界的人们连接起来。相反，他们推销的卖点集中在人类历史中最有雄心的想法上：结束战争。[2] 他们想象着他们小小的飞行器，掌握在一个民主的政府手中，可以用来远远地观察敌人的行动，发动突然袭击，然后暴力冲突就没有必要了。[3] 莱特兄弟花了6年的时间来向美国、法国、德国和英国政府推销，最终美国政府在1909年买了一架飞机。

尽管飞机给文明带来了奇迹，使旅行方式、商业和交流做出了革命性的变化，但对于奥维尔·莱特来说一定是个悲剧，他活着见证了不止一次，而是两次的世界大战，其中飞机扮演了显著和战略性的角色。第二次世界大战中德国的闪电战，美国对德国德累斯顿的燃烧弹轰炸（导致数十万平民被杀），以及历史上唯一一次在战争中使用原子弹，所有这些恐怖的事件之所以成为可能，都是由于莱特兄弟的设计所诞生的飞机。[4] 飞机革新了战争机器，永远地改变了世界政治力量的平衡，偏向了那些拥有高级空军力量的国家。而且正如2001年9月11日纽约恐怖袭击又跟喷气式飞机有关，飞机这样的发明其用途是不可能预测的。

---

2 *http://www.archives.gov/publications/prologue/2003/winter/aero-conference-1.html*。

3 这种用技术特别是武器制造技术来制止战争的信仰，也出现在炸药和潜水艇的发明者脑中。特尔沙(Telsa)也怀着这样的理想建造过战争机器。电报、电视、互联网甚至是神经移植都是在制止战争的推动下开发的。一个历史的观察者或许会注意到，导致战争的问题不在于技术，很大程度上在于人性。

4 爱因斯坦，他的 $E = mc^2$ 方程式在核武器的研制中扮演了关键的角色，被关于他的发现的用途的道德质疑所折磨。参见 *http://www.amnh.org/exhibitions/einstein/peace/manhattan.php*。

创新总是好的

在我们的宗教、历史和神话传说中,我们把创新者供奉为伟大的英雄,然而当他们的发明的弊端显现的时候,我们却很少提到他们的名字。在受欢迎的希腊神话中,神普罗米修斯受到爱戴是因为他给人类带来了火种,但是他是不是也应该为罗马的烧毁负一些责任呢?或者,从一个更加个人化的角度来说,如果我给了你一个烤得很美味的苹果馅饼,后来你吃完就生病了,你会抱怨吗?如果你买了台机器节省时间却弄脏了你的衣服,你会怎么办?或者是喝一杯饮料让你效率加倍却导致失眠?大多数人忽略了这些,但有一些神话表现了对创新者的恐惧。比如,普罗米修斯,他给人类带来了火种,被铁链锁在一块石头上并永远受到折磨(参见图10-2)。那个试图建造巴别塔的人在圣经《创世纪》中受到诅咒并被分解抛在了世界各地。

图10-2. 鲁宾斯的名画《被缚的普罗米修斯》。在神话中,普罗米修斯被铁链锁在一块石头上,每天都有一只鹰来吃他的肝脏,第二天肝脏又会重生。在大多数神话里,创新是有代价的。"现代普罗米修斯"也是玛丽·雪莱的小说《弗兰肯斯坦》的副标题。

飞机的发明当然是非常成功的，特别是如果你的姓是"波音"或者你是一个飞行员。但是相反地，假如你是事业被乘飞机旅行人数增加毁掉的铁路大亨，或者是一个目睹了你的家被飞机扔下的炸弹毁掉的圣洁的5个孩子的母亲，你会怎么办？那就是一个完全不同的故事了。正如我们所看到的，厘清创新的意义和影响要比创新本身更加复杂。

测量创新：好的尺度

我们每个人都认为自己知道好是什么，但正如所有的定义，在实际生活中运用的话，它的光环就消失了。那些对我们可能是好的东西，比如说在内衣里发现1 000美元或者在夏威夷的毛伊岛（Maui）海滩一觉醒来，对其他人或者其他事情可能就是坏的（比如丢钱的人，或者不幸的在你身下夹你的沙蟹）。我们随意地称为"好"的东西很少对所有人都有利：好与不好取决于你的身份和立场。正如莎士比亚笔下的人物哈姆雷特所说的那样："本来无所谓好与坏，是人们的想法决定了好坏。"而人们对于好的不同认识可以从这点反映出来：大多数词典对于"好"的解释都有50条甚至更多。

创新也是一样。如果一个创新解决了你的问题让你赚到了钱，它是不是好的创新？当然是。但如果这个创新同时让其他人丢掉了工作，或者正如更常见的情况，人们花了好多天的时间来学习使用这项创新却没有什么收获，甚至相反，把他们的生活弄得更加复杂，又该如何判断好坏呢？想想看塑料、打字机和电视机，这些创新已经给世界带来了很多很好的东西。但如果2升的大塑料汽水瓶在垃圾填埋场永远也无法降解，打字机被用来安排发往奥斯维辛集中营的火车的日程，或者数百万的儿童由于保姆的照看不周而看了几个小时的成人节目，还该不该说这些东西的好话呢？我们能把这些以及其他类似的东西称为创新，只是因为它们从最大的角度来说是好的吗？而且，尽管个人电脑给世界带来了积极的革新，但在每次电脑更新换代的时候就会留下有毒物质和化学污染。[5]

对于创新好处的检验没有简单的答案，就像前一章所说，这就留下足够的空间让"所有创新都是好的"这种神话生存。在人类的历史上，有太多的创新推动了我们的文化、经济和心理——从棉花纺织机和工业革命到个人电脑和互联网时代——让我们对创新的信心近似于宗教信仰。当有疑虑的时候，就再进行创新，全然不顾对创新的过去日益增长的质疑还没有答案。

但至少有一点是事实：所有的创新都有好的和坏的影响，这与创新者的动机或者设计的好坏无关。[6]如果我们认可这一观点，并且认识到好与坏只是个看待事物的角度问题，我们就能够形成对创新的判断。

一个创新可以：

- **对你有好处**。这个创新为你赚钱，为创新而工作让你很享受，或者它解决了一个让你感兴趣的问题。

- **对他人有好处**。这个创新提供收入以帮助家人和朋友；解决了那些贫穷、疾病和需要帮助的人的问题；或者通过创新或由创新产生的利润，改善了除你之外其他人的生活。

- **对一个行业或者经济有好处**。这个创新让众多商业得益，或者至少为一个行业或者经济的一个分支创造了新的机会。这个创新造成的困扰被它创造的新机会所弥补。

---

[5] http://www.greenpeace.org/international/news/green-electronics-guide-ewaste250806。

[6] 当然有些发明家能够把握发明的方向。发明治疗愚蠢或者把混蛋变成圣人的药物的发明家就很难被别人批评。还有些发明家对于他们的发明的用途感到恼怒，但对于OXO取物夹或者人体假肢的设计者来说，绝对是抱着良好的愿望来进行设计和解决问题的。

- **对社会有好处**。这个创新对一个社区、城市、地区或者国家有净正面影响。尽管可能会有创新的负面用途,但净效果是正面的。创新为长期的价值而设计,并不是短期行为。创新者明确了创新可能对什么人造成不利影响,也努力把那些影响减到最小。
- **对世界有好处**。这个创新对人类的未来有净正面影响。
- **对所有时代有好处**。这个创新不为短期利益牺牲长期利益,不止让这一代人受益,也让所有未来的世代受益。

而且我们也能够问下面这一对孪生问题:

- 这个创新解决了什么问题?它们是谁的问题?
- 这个创新造成了什么问题?它们是谁的问题?

这个列表说明许多知名的创新者顶多只能说为他们自己,或者为公司做出了有好处的东西,但对其他人毫无价值。(以好的尺度来衡量,通过庞大的股票公开上市或者贩卖点子成为百万富翁是有争议的。)而许多受欢迎的发明——如灯泡、汽车和电脑——绝对让个人和行业都受益,但是它们的贡献由于它们对环境的负面影响而打了折扣。虽然这很快就变得复杂,但通过从不同的角度看待创新的价值,理解创新才成为可能。偏见和自私对"什么是好"的局限性受到了大家的关注。

创新是无法预测的
(滴滴涕、汽车和因特网)

想要明辨好坏是具有挑战性的,有一段传奇故事可以揭示这一点,它开始于化学物质、一位瑞士科学家以及一群群携带疾病的昆虫。在1948年,出于对蚊虫四处繁盛的厌恶,保罗·穆勒(Paul Muller)研究发现二氯二苯基三氯乙烷具有杀虫的特性,也就是俗称的滴滴涕(DDT)。这种化学物质是历史上第一种真正的杀虫剂,并在第二次世界大战期间被大量用于控制斑疹伤寒和疟疾。滴滴涕是如此的成功，以至于在1955年的时候世界卫生组织（WHO）骄傲地装备了滴滴涕，准备把疟疾从地球上消除掉。信心来自于滴滴涕的超强持久药性，它的效力可以在土壤中持续几年，在水中持续几周，能够在被传染地区永久地消灭携带疾病的昆虫。

但是很快世界卫生组织就在施用了滴滴涕的地方观察到奇怪的事情。科学家意识到这种新的化学物质具有不可预测和复杂的副作用。事情的发展是这样的：

> 蚊子被有效地杀灭了，然而蟑螂由于对滴滴涕不那么敏感，活了下来，吸收了毒药。小蜥蜴愉快地吃掉了蟑螂。这些蜥蜴的神经被滴滴涕损害了（这让失去伴侣的蟑螂在痛苦之余感到高兴），它们动作迟缓，近似于醉酒的麻痹，很容易就被本地的猫群大量地吃掉了。这些猫，对滴滴涕比蜥蜴还敏感，死掉了数千只，这就给老鼠爆炸式的繁殖打开了方便之门。而整个悲惨故事最让人心惊的部分就是老鼠给人类带来了鼠疫的威胁。[7]

由于对滴滴涕深信不疑，全世界的技术领袖们被他们的行为所产生的连锁反应惊呆了。一开始，世界卫生组织和许多科学家拒绝相信是滴滴涕造成了他们所观察到的一切。对于20世纪50年代最好的科学家而言，一种小小的化学物质能够造成这么多的损害是无法想象的。而且由于滴滴涕出现的年代太近，有记录以来还没大规模地使用过像滴滴涕一样的化学物质，每个人对于其后果的可能性都茫然无知。很像前面几十年的主要发明——移动电话、无线互联网、个人电脑——滴滴涕对于事物运作方法的改变如此之大，以至于在使用之前不可能预测它的影响，无论是正面的还是负面的（参见图10-3）。

---

[7] 这是几个不同叙述的仔细综合。还有很多二手的报告提供类似的、在某些情况下更为戏剧性的事件叙述。参见由爱荷华大学环境健康教授帕特里克·T·奥肖内西（Patrick T. O'Shaughnessy）汇编的 http://catdrop.com/。世界卫生组织并不完全确定到底发生过什么，这个观点在他们2005年4月的会员通信中阐述过：http://www.who.int/formerstaff/publications/qn60.pdf。

图 10-3. 滴滴涕和飞机是一对完美组合。这里，滴滴涕被喷洒在牛群身上给它们加点额外的特别味道。

在滴滴涕之前，人们很少有理由害怕杀虫剂或者任何一种化学物质。直到雷切尔·卡尔森（Rachel Carson）的书《Silent Spring》出版，人们才开始意识到滴滴涕的负面影响，然后诞生了现代环保运动[8]。此前，公众对于化学物质进入人类食物链的可能性，或者改变生态系统里物种平衡的不可预测性，都没有什么认识。科学团体不了解生态系统的相互关联性，对他们生产的新品种化学物质不甚了解。滴滴涕最大的价值在于它的持久威力，而预测这种特性即将产生的强烈毁灭效果是几乎不可能的。

---

[8] 对于滴滴涕的真正危害、婆罗洲故事（Borneo tale）以及滴滴涕对鸟类影响的研究是否准确仍然存在争议。不管我们看到的有多少是事实，我的观点是坚定不移的：所有的创新都有不可预测的影响，无论好坏。通常，也许正如滴滴涕的情况，需要很长的时间来理解一个创新的真正影响。参见 http://reason.com/rb/rb061202.shtml。

其他一些主要的创新也表现出了类似的扩散模式，即成功地采用创新的结果之一是出现了出乎意料的后果(参见表10-1)。汽车是20世纪早期的伟大成果之一。它们令社会产生了革命性的改变，催生了以前无法想象的为全世界中产阶级而设置的商业、旅游和休闲。但是汽车的成功也产生了相当大的，或许是无法解决的问题。比如，每年有超过100万的人死于汽车事故（单美国就有近4万人）。汽车行驶需要昂贵的道路修建和养护，汽车还是环境污染的主要来源（参见表10-1）。

表10-1. 创新的两面性

创新	好的影响	坏的影响
滴滴涕	控制了疟疾的传播，提升了第三世界国家的生活条件，影响了职业摔跤运动[a]	破坏了生态环境，间接对物种造成了冲击，进化出了抵御滴滴涕的蚊子
汽车	个人化的交通工具，赋予个人更多的自由，促进了商业和城市的繁荣	造成了城市里一半的污染，每年美国有4万人在事故中丧命，产生了交通拥堵问题，催生了城市扩张[b]
个人电脑	赋予个人更多的力量，让交流变得便利，成为人们学习的工具，催生了互联网	频繁升级换代产生了垃圾填埋问题，产品产生了有害物质[c]
移动电话	无线通信，移动接入，方便，便携的急救和安全系统	打扰公众，开车打电话的司机变成了横冲直撞的导弹，在公众场合让周围的人很厌烦，比如说餐馆

[a] http://en.wikipedia.org/wiki/DDT_(professional_wrestling).

[b] 世界卫生组织报告，"道路安全：一个公众健康问题"，2004年3月，http://www.who.int/features/2004/road_safety/en/index.html。

[c] http://update.unu.edu/archive/issue31_5.htm。

这是创新的一个根本矛盾之处：没人知道，哪怕是发明家自己，他们的创造将会对世界产生怎样的影响，只有用了之后才知道。福特想象不到送披萨外卖的小伙子会开着他发明的汽车，麦当劳兄弟想象不到快餐食品会导致肥胖症，比尔·盖茨和史蒂夫·乔布斯没有想到软件病毒，而古腾堡，和他所印刷的圣经，没有预见到《达·芬奇密码》以及很不光彩地（至少对古腾堡而言是这样的——毕竟他是印刷圣经的一个天主教徒）把这本书列为畅销书达几个月之久的《纽约时报》畅销书榜。尽管创新者都有一厢情愿的想法，但创新总是有意料之外的后果。创新对其他人而言是可以自由运用的，而因为不同的人有不同的需要、价值观、想法和愿望，这就无法预测一个脑袋里想出来的创新会被别人怎么来运用了。

一个在创新者中流行的观念认为，真正具有突破意义的想法会跟我们现在的思考方式完全不同，所以我们没有办法掌握这些想法的用途。这就意味着不仅在创新被接受之后的用途无法预料，而且连接受这项创新的时机和动机也无法预料。戈登·古尔德（Gordon Gould），激光的发明人之一，这样说道：

> 真空三极管在1910年就发明了，但很多年之后才售出第一只商业化的真空三极管。没人知道可以拿它来做什么。人们只知道一只真空三极管提供了一种绝妙的方式，使得可以用电子信号而不是机械开关来控制电流。正如真空三极管，激光也是一项重要而基础性的发明。但在发明激光之后的最初5年里面，有一种说法是激光是"寻找问题的解决方案"。[9]

很多研究者为这种不确定性感到自豪，因为它证明了目前他们已经超出了已知世界的最前沿，为他们将工作推进到可能产生突破的地带而感到满足。但是这些人高估了他们对发明的用途的控制力

---

[9] 肯尼斯·A. 布朗（Kenneth A. Brown），《Inventors at Work: Interviews with 16 Notable American Inventors》（Microsoft Press, 1988）。

度，或者忽视了对其用途的顾虑。良好的愿望丝毫不能阻挡想法的变化。铁丝蒺藜，本来是设计用来控制牛群的，有着很无辜的设计意图（当然，除非你是一头牛，你才可能会不同意这个说法），却在第一次世界大战中扮演了一个关键角色，用于阻拦士兵跨过战壕移动，促成了人类历史上最血腥的战役。[10]爱因斯坦的相对论革新了我们对于宇宙的认识，但尽管爱因斯坦在开始时并不同意，相对论也导致了原子弹的发明。每一个奇迹都伴随着一场灾难，而没有人能够肯定将来的创新会导致什么。

20世纪90年代后期，两项财务上广泛应用的创新——金融衍生工具和抵押债务责任——是导致2007年次级贷款危机的一个主要因素。由于这些主意在金融领域受到青睐，而且各级银行都把危险日益增加的资产份额投入其中，自从大萧条以来最大的经济下滑的舞台就搭好了。沃伦·巴菲特、那希姆·塔利布(Nassim Taleb,《黑天鹅（The Black Swan）》一书的作者)以及其他一些人指出了风险，但他们的声音被淹没在其他相信这两个创新（与过去任何创新都不同）没有任何坏处的人的声音里。甚至阿伦·格林斯潘(Alan Greenspan),美国联邦储备的主席，也在1997年对衍生工具说过如下的话："另一项影响深远的创新是证券技术——一种衍生工具的形式……（的确）已经提高了我们的资本市场的效率。"这些新主意为更多的金融产品打开了大门，让各家银行的专家和首席执行官可以对其投资，哪怕不理解这些产品的运作原理。[11]在预测未来的时候，没有人不受美好愿望或者自负的诱惑。公平地说，正如创新导致的负面后果，它也轻易地引发了好的结果。为战争而开发的技术——包括吉普车、医疗救护直升机、喷气式飞机、风衣和微波炉——常常发展出重要的商业价值，被广大的市场接受以

---

[10] http://en.wikipedia.org/wiki/Trench_warfare。

[11] 格林斯潘的话，以及这一段的主旨，来自于《13 Bankers: The Wall Street Takeover and the Next Financial Meltdown》的第四章第106页(精装版)，本书由西蒙·约翰逊（Simon Johnson）和詹姆斯·科瓦克(James Kwak)写作，Pantheon出版社2006年出版。

及用于人道主义的目的。[12]甚至用来开发互联网的技术,也是起源于美国政府资助的防务项目。照此类推,有什么样的初衷就会有什么样的市场。从中我们学到的教训是,创新的驱动力是不带任何道德或者哲学色彩的,因此任何严肃对待自己工作的创新者必须要在实际的操作当中时刻提醒自己这一点。你出于良好动机所做的事情可能被用于坏的用途,而出于坏的动机所做的事情也可能导向好的结果。

技术对事物的推动无好坏之分

想象一项创新可以把你的上班时间减半。不可能? 19世纪一项突破性进展是帆船。它更大、更快也更容易操纵,它让横跨大西洋的贸易发生了本质的变化,也变革了许多国家的经济。在19世纪30年代以前,横渡大西洋需要5个星期的时间,而用帆船只需要12天就可以了。它是一项伟大的创新,加速了很多好的事情,也让很多坏的事情加速了。

1845年,"马铃薯大饥荒"在爱尔兰发生,导致了数十万人的死亡。据信导致爱尔兰农作物毁灭性灾难的马铃薯真菌来自于北美。[13]一种理论认为早先饥荒之所以没有发生是因为为期5周的横渡大西洋航行已经漫长得足以让真菌在途中死亡。然而,缩短到只需12天的航程就让真菌活了下来,因此它感染帆船目的地农作物就只是个时间问题了。[14]爱尔兰大饥荒的发生固然有其他的原因——政治上的和经济上的,但如果没有帆船的发明,大饥荒可能就不会发生。译注1

---

[12] http://abcnews.go.com/GMA/Technology/story?id=1796227。

[13] 目前他们仍然这么认为,但有份报告宣称携带病菌的马铃薯是来自于墨西哥:http://www.pnas.org/cgi/content/abstract/91/24/11591。

[14] 引自《Diffusion of Innovations》一书,第452页。

译注1 当时从美洲航行到爱尔兰的帆船上携带有给旅客吃的马铃薯,这些马铃薯携带病菌,传染给了爱尔兰当地的马铃薯,导致作为食物的马铃薯大量减产。参见 http://en.wikipedia.org/wiki/Great_Irish_Famine。

绝大多数创新都有类似的故事。个人电脑,可以被用来编制程序去做任何事情,也就为计算机病毒的产生打开了潘多拉之盒。互联网,被设计用来加速和传播信息,也加速了这些计算机病毒、垃圾邮件、欺诈信息和虚假信息的传播。汽车让警察迅速赶赴罪案现场,但它们也帮助小偷们溜走。科技浪潮的兴起就像水的涨潮,抬高了水中所有的舟。

同许多技术创新一样,即时消息和移动电话都是人类相互交流领域的创新。但它们都对消息本身的质量没有任何影响,就像高清晰的电视机丝毫不会改变节目的演出和编剧质量一样。除非你正在开发一项创新来鼓励人们沟通得更清楚或者没那么自私,否则用来加速的创新不大可能以它的创造者所期望的方式来改变世界。如果你的谈话对象是个好人,而且你所谈论的东西很重要,交流很少需要加速。事实上,如果有软件能够褒奖大家,让大家慢下来并思考自己读到或者写到的东西,这可能会成为我们这个时代最伟大的创新。

好和坏,未来和过去

在我长大的纽约市里,帆船是个谜团。我的心里面只有高速公路、地铁和火箭。在我碰巧于长岛海湾看到一艘帆船的那些日子里,我想为什么有人会选择这样慢吞吞的交通工具,而无视最新的科技发展呢?但当我第一次乘帆船旅行时,我的观点改变了。站在帆的阴影里,看着光滑的木制船头在波浪里起起伏伏,我感觉到了平稳的风力在推着我走。朋友们或交谈着,或安静地看着大海,而不是手忙脚乱地处理又吵又难闻的马达。那些帆就像张开的翅膀,带我们乘风破浪,帆的骨架闪耀着工程建造的优美,就像布鲁克林大桥的拉索一般。这一切让人体验到了任何速度的动力艇都无法取代的东西。

很多创新,尽管它们取得了进步,但都遗忘了一艘帆船那样的好处。而在创新竞赛里,我们本能地否定了那些坚持传统的人。我们否定了这样的可能性,即有些东西是永恒而且值得保存的,却可能被我们的新主意在无意中消除。有什么创新能够取代妈妈的一个拥抱?取代夏天的冰激凌蛋卷?用商业街取代一片开阔的草地是否值得?或者用最新的盖里办公室(Gehry office)大楼取代克莱斯勒大厦?创造的激情把我们变得有点盲目:我们全心全意地专注在我们手头正在做的东西上面,忘记了已经存在的好东西,或者由于我们的创造而丢失的好东西。

当我们嘲笑那些从观念上拒绝创新的群体——抗拒进步的人、拒绝现代化的人或者是我们的害怕新科技的朋友们——我们其实跟他们一样在坚持某些东西,只不过方式不同罢了。我们都遵循穿衣、说话、吃饭和工作安排的惯例。我们都在马路的同一侧开车,都在穿鞋前先穿上袜子,都用刀叉吃饭。就算是古往今来的最伟大的创新者、高大的革命家和激进人士,也遵循他们那个时代的传统。没人能够在任何时候做出完全创新的东西,事实上,历史上最伟大、最了不起的创新者遵循的传统要比打破的传统多。

作为社会性的人,我们依靠传统形成社区、政府和家庭,而且我们相信这些传统如此重要以至于值得牺牲我们的生命或者别人的生命来保护它们不被改变。但最大的讽刺是所有的传统,包括宗教传统,莫不是以创新作为开始的。人们也有不穿衣服的日子,犹太教徒、基督徒与穆斯林也有没有神圣经文的时期(或没有教堂用于祷告的时候)。所有这些思想久而久之就成了传统,但它们都是因为在某个时刻人们愿意(或者被迫)尝试某些新的东西才形成的。创新的循环本性很难看清楚,但我们一直生活在这其中。

最好的创新哲学就是同时接受变化和传统,避免绝对化的陷阱。如果仅因为新主意是新的就全盘接受的确很荒谬,但如果仅因为传统是传统的就全盘接受也很傻。新旧思想在未来都有各自的位置,而我们要做的事情就是把它们带入未来。

第 11 章

超越浮夸和历史

超越浮夸和历史 *183*

本书大部分都是在说什么不该做以及什么不该想。其本意并不是要刻薄，也不是要成为斯塔勒和沃尔多夫[译注1]，两个在《The Muppet Show》电视节目中呆在剧院包厢里怒气冲冲总是不满意的木偶。相反，本书的意图是要提供一条真相的脉络，把读者从关于创新的泛滥且误导的概念中解放出来，这些错误概念在今天的商业和流行文化中随处可见。我考虑到每个读者在这个星球的时间都非常宝贵，不想让你瞄准错误目标。如今围绕着创造有太多的虚夸，以至于简单的真相被湮没在喧嚣里。

到目前为止，这本书在结构上被设计成某种历史书，因为历史是最好的工具，用于厘清这世上事情的演进过程。而如果你有耐心读到这第11章，历史已经完成了它的使命。在这本平装版[译注2]中，我想不仅指出不该做什么事情，还要告诉你成功几率最高的做法是什么——不论你如何定义成功。

每当想到过去那些伟大杰作的创造者，一件令人惊讶的事情是他们中几乎没有人专门研究过创新或者创造性思维。从凡高到爱迪生、史蒂夫·乔布斯到戴夫·艾格斯[译注3]，他们当中几乎没有任何人用任何传统的方式研究过这些专题。他们没有读过创新书籍，也没有上过创新课程。他们奇迹般地克服了各自时代里令人恐惧的匮乏，既没有TED[译注4]录像可看，也没有马尔科姆·格莱德威尔[译注5]的随笔可读，所以他们只能以自己的方式获得灵感。这些人中的很

[译注1] 斯塔勒（Statler）和沃尔多夫（Waldorf），美国电视系列剧《The Muppet Show》中两个易怒、不满意的老年人形象的木偶，坐在剧院包厢里说笑话和发表尖刻评论。参见 http://en.wikipedia.org/wiki/Statler_and_Waldorf。

[译注2] 本书是《创新的神话》的最新修订版，由O'Reilly以平装本发行，区别于上一版精装本。

[译注3] Dave Eggers，美国当代作家、编辑和出版家，代表作《A Heartbreaking Work of Staggering Genius》获得普利策奖提名。参见 http://en.wikipedia.org/wiki/Dave_Eggers。

[译注4] 即"Technology Entertainment and Design（技术、娱乐与设计）"大会，参见 http://en.wikipedia.org/wiki/TED_%28conference%29 以及 http://www.ted.com/。

[译注5] Malcolm Gladwell，著有书籍《Outliers: The Story of Success》，讨论成功的问题。

多位是辍学生或者漫游者,游走在各种学科和专业之间。然而,他们所做的就是找到为之着迷的特定问题,然后致力于解决问题。他们全神贯注于那些问题,常常并没有多少回报的保障。重点在于,他们似乎并不需要过多地将创新作为一个抽象概念来进行理解,而这种理解如今很多人却认为是创新开始的地方。一个有力的例证可以说明这种观念是错误的。很多伟大人物并没有花太多精力进行学习,他们偏好动手做。他们迅速地开始工作,尝试解决重要的问题——在某些案例中他们认为能够从中谋利——然后在做的过程中学习。

也许所有一切之中最大的神话就是为了改变世界,你得成为一个对创新非常了解的专家。

尼古拉·特斯拉,无线电的发明人之一[1],也就是那位让你的家里和办公室用上电力的人,并没有学过工商管理硕士(MBA)课程的优势,也没有即时消息和无线互联网接入,当然这些东西都是他的发明将会成就的事物。甚至乔治·威斯汀豪斯(George Westinghouse),这位资助了特斯拉大部分工作的商业大亨,也没有受过企业家精神或者突破性创新的理论等方面的培训。绝大多数历史上的进步都是由缺乏我们今天所依赖的理论、资源和设备的人们进行工作所取得的。

这并不是推销愚昧或者变成阿米什人[译注6],你当然应该使用任何能够帮助你实现目标的资源。然而,你所需的工具比你想象的要简单,并且会更多地依赖你自身,而不是众多工具或者各种理论。在

---

[1] 正如我们在第5章探讨过的,特斯拉对无线电发明权的声明是否有效,依赖于你认为哪些要素是最重要的,包括申请一项专利。关于马可尼和特斯拉对无线电专利历史的争论,有一个很好的总结可以参阅:*http://www.pbs.org/tesla/ll/ll_whoradio.html*。

[译注6] 阿米什人(Amish)是美国和加拿大安大略省的一群基督新教再洗礼派门诺会信徒(又称亚米胥派),以拒绝汽车及电力等现代设施,过着简朴的生活而闻名。参见 *http://en.wikipedia.org/wiki/Amish*。

所有这些故事里面,我的意图首先是揭示这些人所取得的成就背后的真相要比关于他们的神话更令人受启发得多。其次,要揭示他们使用的方法是简单的并且人人可以获得。挑战之处在于,我们今天可以获取如此之多的信息,很容易就陷入盲区,误以为总有一个答案魔法般地存在那儿。无论我们被告知多少次没有这样的答案存在,即使我们某时某刻确信了这种说法,但还是会陷入这个盲区。

在很多方面,人类的大脑都很令人着迷,但它最具毁灭性的功能之一是大脑很容易将愿景混淆为真实。当面对整整一天沉闷乏味的辛苦工作时(比如,从事一个出于个人兴趣的小项目,它可能会获得突破性进展,也可能不会),我们的大脑就会令人惊讶地变得易于分散注意力。而一种令人偏好的分散注意力的方式就是去寻求捷径。当我们开始寻找捷径时,注意力就被从实际工作中分散了,等意识到这一点时,又到了该开会、吃饭或者睡觉的时间了。我们拖延了唯一能够给我们所需要的东西的道路,也就是平常的辛勤工作,而把时间浪费在发现一条魔法捷径上,这是个愿望美好但不可能实现的幻想。很多人不断重复这个相同的失败循环,同时说服自己失败只是因为他们还没发现某些秘密,而没有认识到失败只是因为自己的无能,没有花费漫长、乏味却必要的时间来实现梦想。

另一种类似的自我毁灭的行为模式,这种模式我们大部分人都有,在杰弗瑞·普费佛和罗伯特·I.萨顿所著的《The Knowing-Doing Gap》一书中有很详细的描述。[2] 这本书集中讲述了知道如何做某事和实际能够或者愿意去做这件事情之间的宽阔鸿沟。例如,你也许知道弹奏吉他就是把一只手放在琴弦上,然后用另一只手拿

---

[2] Jeffrey Pfeffer 和 Robert I. Sutton,《The Knowing-Doing Gap》(Harvard Business School Press, 2000)。

住一个拨片,然后再用拨片敲击琴弦就能发出声音了。你已经看过几十个人这么做,而且也知道吉他弹得好看上去以及听起来是什么样子。你甚至可能还知道一些相关的词汇,比如重复演奏还有和弦,这些都是一种知识。然而愿意实际拿起一把吉他,很糟糕地弹奏数天、数周或者数月直到你的手指学会弹奏为止,这跟前面谈到的吉他知识就完全是另一回事情了,它们之间有一条鸿沟。

相同的事实也存在于创造、创新、创业或者任何其他事情上。我们喜欢假装从知到行之间的鸿沟很小,但实际上这个距离是巨大的,而几乎没有什么人愿意动手做事来缩短这个距离。因为它需要勇气、坚持、适应风险以及在没有外界回报保障的情况下做事的意愿。这些素质要比知识、学位或者塞满几个书架的关于创新的书籍要更为重要。阅读一本有关创新的书籍是被动且安全的,放下书本开始一个项目却是主动而具有风险的。无论你读多少本书,这一点将永远不会改变。

爱迪生、福特、特斯拉、盖茨、乔布斯以及无数其他人可能在权威地论述商业和创新理论方面还不如今天你能找到的几十个大师中任何一位的一半,然而前面列举的那些发明家或者企业家所完成的事情却无限大于那些只是有"见解"的人。虽然我自己也拥有专利,也为成功地创造了新事物的项目工作过,但也把自己归类为只是有"见解"的那一类人。我主要依靠写作为生,所写的也只是关于其他人已经做过或者正在做的事情。在这个时代,被视为"专家"可能在对应的专业领域却只有很少的"专家级"能力。这并不意味着书本无用,但它的确意味着一个矛盾困境:那些曝光度最高的创新方面的专家,只是那些花在写作和谈论创新上的时间多于实际动手创新的人而已。

解决这个危险陷阱的方法很简单:如果你想具备创造能力,就必须创造事物。如果你想具备创新能力,你就必须为其他人创造新事物。就像如果你想成为一名吉他手,就应该每天花时间来实实在在地演奏吉他。就这样,没别的了。只有实践才是最好的学习。

超越浮夸和历史

只有在试着去做某些东西来解决某些问题的具体行动中，你所拥有的任何潜质才能明白显现。

在2009年的《Outliers》一书中，马尔科姆·格莱德维尔（Malcolm Gladwell）提出了一个广为流传的概念，即一个人需要花10 000小时实际地做某件事情，才能成为这方面的好手。这是一个绝妙而又简洁的概念。人们经常为了寻求建议而来找我，我会问他们："你已经花了多少时间来做它？"如果是在谈论创造性思维和发明，通常他们会回答道："哦，我还没开始做呢。"对此我说："那我可能帮不了你什么了。"如果你不积极地做些什么，我的建议就不会有什么太大的用处。如果我看了一个设计想法的草稿，我可以提意见。如果你被一个奇怪的问题困住了，我可以给建议。但如果你对任何事情都没有花任何时间，我也做不了什么。创造力不是抽象的——它是具体的。只有在你尝试做某些特定的事情时，创造力才会显现。这一点似乎很明显，但如果你知道有多少人从来没有为他们每天都在梦想的事情踏出行动的第一步，你会惊讶不已。他们已经把做梦混淆为做事，或许是因为做事的假想让人觉得舒服而又有回报，而这些感觉在现实里可能不会得到。

最近我曾经荣幸地在加州大学伯克利分校的一个以创新为主题的活动上发表了演讲，这次活动是由《经济学人（Economist）》周刊组织的。我荣幸地与贾瑞德·戴蒙德[译注7]、罗伯特·瑞奇[译注8]、阿

[译注7] Jared Diamond，美国科学家和作家，现任加州大学洛杉矶分校地理学和生理学教授。他以写作获奖科普作品而闻名，包括《The Third Chimpanzee》《Guns, Germs, and Steel》以及《Collapse》。参见 http://en.wikipedia.org/wiki/Jared_Diamond。

[译注8] Robert Reich，美国政治经济学家、教授、作家以及政论家。曾在福特总统、卡特总统政府内任职，并在1993年到1997年担任克林顿总统的劳工部长。他毕业于达特茅斯学院、牛津大学以及耶鲁法学院，被认为是美国最著名的政治经济学家之一。参见 http://en.wikipedia.org/wiki/Robert_Reich。

丽亚娜·哈芬顿译注9、约翰·派瑞·巴罗译注10以及爱德·凯特穆尔(Ed Catmull, Pixar 创始人之一)共同参加这一活动。听众中间挤满了知名的总裁、政府官员以及企业家们。由于被安排在第二天演讲,所以我仔细地聆听了第一天的嘉宾演讲的每一个字。"创新"这个词在第一天被提到181次(我记录下来了),差不多一个小时要被提到30次以上,但我没看到在讲台上的任何人做了任何跟创造或者创新有关的事情。谈话本身是有趣的,但只是跟知识有关,与行动没什么关系。我决定挑战这一点。下面是我的演讲记录的编辑版本:3

> 今天我以写书为生,并且谈论那些书里的观点。但我的最初职业是领导团队。我在万维网出现的早期为微软开发 Internet Explorer 浏览器,从版本1.0到5.0,那时我的工作就是做一个实践者,来尝试在这次活动中到目前为止我们所谈论的事情。那些年月里我工作的大部分时间是在开发新产品中领导一个由设计师和工程师组成的团队。我们做研究,制作产品原型,然后把那些原型在工程中开发为产品,并把产品发布到全世界。我们每三到四个月就发布一个新版本,而我们所做的工作在世界范围内都相对较新,或者说至少对于微软来说是很新的。
>
> 当2003年我辞职去写书时,我就知道我想写一本关于创造和发明的书,书中的事情是我从个人经验和历史上学到的,这些

译注9 Arianna Huffington,希腊裔美国作家和专栏作者。她因共同创办新闻网站 The Huffington Post 而闻名。参见 http://en.wikipedia.org/wiki/Arianna_Huffington。

译注10 John Perry Barlow,美国诗人和散文家。参见 http://en.wikipedia.org/wiki/John_Perry_Barlow。

3 演讲的录像和文字全本参见 http://www.scottberkun.com/blog/2010/my-speech-at-the-economist/。

事情我很希望在职业生涯开始时有人能够告诉我。关于创造性思考和发明的故事有如此之多的谬误。这本书，《创新的神话》，是一本畅销书，也是到目前为止对我的成功的诠释，而它就是我今天想讲的话题。

我是一个奥卡姆剃刀类型的人。而奥卡姆剃刀就是这样的观念，即如果你有两个理论来解释某件事情，那简单一些的那个理论可能就是对的。就创新而论，这就是我所用的镜头。在脑海里保持这个观念，我就有了几个观察。

首先，大多数团队都是无效的。他们彼此怀疑。他们偏离了创建一种大家互信的文化的道路。想想你大部分的同事——有多少是你信任的？有多少是你会放心地与之共享一个特别的、危险的或者绝妙的想法的？我会说，基于我在很多组织机构里的经验，每三个团队中只有一个是相互信任的。没有信任，就没有合作。没有信任，想法就无法得到传播，哪怕人们鼓起勇气提到这些想法也无济于事。

其次，大多数经理或者领导厌恶风险。这不是他们的错，因为大多数人都厌恶风险。人类进化并生存下来，通常就意味着天性是保守的并且保持现状。看看作为听众的你，我可以告诉你，此时此刻我并没有看到有谁打扮得很创新或者举止很创新。你们都坐成整齐的一排排，穿着整洁但保守的商业正装。这并不奇怪，大多数人，大多数时间里，行为举止就跟你们现在差不多，当然，任何涉及工作的方面理应如此。

但是如果缺乏承受风险的能力，创新和进步就无法产生。就算你有了一个好想法，将它变为现实仍然是有风险的。即使你能将这个想法开发成一个好产品，你还必须将它发布到世上。而那有100个不受你控制的不公平的理由，将改变其他人对这个想法的印象，也将改变它成功与否的结果。创新以及各个方面进步的历史很大部分是由这个原因导致的失败构成的，而你所听到过的任何获得巨大成功的革命性突破在这个世上获得任何一点支持以前,也几乎肯定已经被推销并且被拒绝过上百次了。你会发现,伟大的想法很少被那些握有权力的人立刻用张开的双臂和无条件的热爱来接受。我们都了解这一点,所以我们总是把自己最好的想法藏在心里。它们在那里要更安全一些。

没有相互信任的团队以及承受风险的领导,创新就很难发生。你可以拥有世上全部的预算、资源、装备、理论以及S-curves项目管理工具,而这些却都根本不重要。奥卡姆剃刀原理指出创新的主要障碍都是被我们忽略的那些显而易见的文化因素,因为我们愿意相信自己无比先进。然而大部分时候,情况正好相反。

接下来,我们需要克服对灵感的迷恋。翻遍历史,你会发现任何灵感乍现之前或者之后都有经年累月的艰苦工作。想法是很轻松的。它们不值钱。任何创新书籍或者课程将帮你找出更多的想法。但稀罕的是把名声、职业生涯或者财务押在你的想法上的决心——全心全意地实现它们。想法是抽象的东西。在这世上执行和证实一个想法完全是另外一回事情,因为存在着制约因素——政治的、财务的以及技术的——那些停留在头脑里的想法完全不必与这些因素缠斗。而这个区别之处是理论、数据或者学位无法赋予你的东西。坚定、信任和承受风险的决心是非常罕见的。如此之多的创新是由企业家和个人推动的,部分原因就是他们全心地投入到他们自己的想法中去,而这种方式是不被大多数工作人士采用的,包括执行官们。

最后,我需要谈谈词语。我是个作家和演讲者,所以词语就是我的谋生手段。但对任何一个人而言,词语是重要的,而且或许是危险的。我想分享一个时髦的词汇,就是物化(reification)。物化就是把某个事物的词汇和这个事物本身混淆起来了。创新这个词本身不是个创新。词语是廉价的。你能把创新这个词写在一个盒子背面,或者放在一个广告里,甚至用来命名你的公司，但这并不能就把这些事物变成创新。诸如"彻底的"、"改变游戏规则"、"突破性"和"打破常规"这些词语也被类似地用于说明某个事物，但其实这个事物并不在这些状态里。你可以想说多少次创新就说多少次，但这并不能把你变成一个发明家，也不能产生发明、专利或者魔法般地把利润呈现在你的手中。

在研究中我发现当你置身于某件事情当中，而这件事情后来被称为创新时，语言总是要简单得多。诸如"问题"、"解决方案"、"目标"、"试验"和"原型"等词语——工作中常用的词汇——就是你将听到的语言。而每当我被邀请到某地去做以创新为主题的演讲或者帮助某个组织，在会议中如果听到任何时髦词汇被用到时，我总是举手问道："你所说的'通过创新'是什么意思？"但大多数时候他们不得不停下来并且思索。他们真的不明白他们在说什么。

如果人们说着自己不知道含义的事情，那多半房间里的其他人也不知道他在说什么。没有良好的沟通，互信就不太可能达成——如果不是绝对不可能的话。当人们说到创新时，他们通常是指下列5件事情的其中之一：1）我们要做些新东西；2）我们需要新的好东西；3）我们需要新的、好的而且赚钱的东西；4）我们要更具主动性而且工作更快速；5）我们只想给别人留下能够创新的印象。任何这些声明都很容易理解。但一种文化普遍使用这类语言时，创新发生的概率就变大了，历史经验表明清晰的语言是伟大的思想家、发明家和创新者经常使用的工具之一。

最后，想想奥卡姆剃刀，如果你在理解创新是如何发生时找到一种比我在书中提到的更简单的方式，我将很乐于知道这一点，并劳烦赐教。同样地，如果本书帮助你简化了你对自己所做的事情或者所期待的目标的理解，我也将很乐于听到你的反馈。感谢大家听我的演讲。

这个演讲勾勒出了一个简洁的计划。关于这一类型的建议平淡无奇也了无新意,有些人因为这一点过于显然而将它放在一边。事实上,有些人因为这本书所谈论的东西显而易见而不屑一顾。每当执行任务时顾虑到自己的商业因素,很多执行官和领导如果听到类似我这样的建议,就会环顾左右,转向其他方向。他们假定,也许正如你或者你老板所做的,即为了把工作做得比现在更好,他们肯定必然需要某种更高级更复杂的东西。然而根据我研究过的历史、我所任职的组织以及其他很多我拜访过的公司,这种想法的反面才是真相。正是那些被忽视和省略的简单模式以及挑战,更能够解释那些多不胜数的困惑和失败。但这个建议的确看起来不够"创新",而且既然人们多少都假定关于创新的建议本身必然就是令人耳目一新的,所以他们就会对这样的建议置若罔闻。

持有这个简单观点的人肯定不止我一个。然而这样的视角的确是很少被演讲者选择来讲[同时也是流行商业书籍中的一个非主流主题:彼得·德鲁克(Peter Drucker)所写的《Innovation and Entrepreneurship(创新和企业家精神)》就是其中最著名的例外],其他两位演讲者表述了相似的观点。艾米·埃德蒙森(Amy Edmondson),哈佛大学的管理学教授,是参与此次活动中从团队的角度来看问题的人物之一。她表述了合作是何等至关重要的角色,正如她说阐述的,"对缺乏人际技巧的恐惧"在团队解决问题的能力中发挥作用。[4] 研究让她确信优秀团队的天性是对于团队领导人的行为举止要比原先设想的更为脆弱和敏感。

爱德·凯特穆尔给出了最有智慧的建议。[5] 尽管皮克斯(Pixar)已经制作了12部成功的电影(每部赢利都超过1亿美元),但对于自己在这一系列成功中承担的领导角色,他给出了一个朴素谦虚的看法。

---

4 艾米·埃德蒙森的研究论文可以参见 *http://hbswk.hbs.edu/faculty/aedmondson.html*。

5 凯特穆尔的演讲的完整录像可以在这个网址找到,同时还有文字版:*http://www.scottberkun.com/blog/2010/inside-pixars-leadership/*。

我们已经让这些成功的事情发生了，但我们错误地理解了成功的原因以及影响来自何人。我们想出错误的主意然后犯了一系列的错误，这些想法都没有很好地从实际出发。这也就意味着皮克斯已经做错了事情而且错误正在发生，但我无法发现这些错误。我必须根据这个前提重新开始。从历史上看，有事情正在发生但我却不知道它是什么……部分行为是因为我不知道答案。这一开始听上去似乎有点假装谦虚。但一段时间之后，人们就明白了我是真的不知道很多事情的答案。于是我们就讨论，争辩……然后我们就能非常公开和诚实地面对问题。

这听上去并不像成功人士通常所说的话。与给出一个分5个步骤的方法或者"如何获得突破性进展的指南"不同，这表明了他意识到伴随着这类工作而来的无可避免的挑战。如果你正尝试做某些令人惊讶的、几乎没有其他人做过的事情，你就不可能百分之百地肯定该如何去做。而与隐藏这个事实相反，他已经决定承认这一点给他动力，让他能够信任团队里的其他人来参与解决这个他们共同发现的问题。如果总裁能够这样做，这就让所有的中层经理和职员都能遵守同样的诚实策略。所有这些似乎都像是简单、有用的智慧，但如果你发现这样的环境是何等地稀罕，你就知道这并不简单。很多人都在谈论类似这样的企业文化，但谈论和实践是完全不同的事情。

最令人惊讶的地方在于他对那些与团队工作并不融洽的天才员工的态度。在很多组织里都有一个神话，即妥协是物有所值的：如果你有明星员工，你应该容忍他的自私、幼稚、破坏性的行为。凯特穆尔不同意这个观点。他将团队中的信任意识放在高于任何个人能力的位置。

（在皮克斯）对特立独行非常宽容，（人们是）非常有创造性的……达到让有些人感觉奇怪的程度……但有少数人的人际交往能力有问题（却）非常有创造性——我们开除这些人。如果我们没有一个健康的群体，那么它就无法运作。

这是个简单但有些组织因害怕而无法去尝试的想法，正如很多本书谈论过的想法一样。这些组织违反了这条以及其他一些原则，因为他们认为自身的问题太复杂了，这些简单的争议不可能是原因。但在凯特穆尔的观点中，则恰好相反：制作一部电影、一个产品或者一个网站需要来自很多人的很多想法，而只有人与人之间的交流是畅通的，结果才可能好。只要哪怕有一个害群之马在附近，无论她的天赋有多高，也能扭曲其他所有要素，使其变得无关紧要——这是罗伯特·I.萨顿在《The No Asshole Rule》（Business Plus, 2007）译注11一书中着重讨论的一个观点。而这一点对本书中大部分讨论的神话也同样成立。

简单计划

把很多这样的线索和本书早先阐述过的其他线索联系起来，这是我称之为"简单计划"的东西。假如你捧读此书，是因为不仅想启发思维，更是想将想法变为现实，那么这就是为你所准备的。

1. **找个项目然后开始做事**。这个项目是什么真的无关紧要。在尝试将想法变成实际事物的过程中，在擅长之前你将会需要很多实际经验。别白白坐等：建个网站，开始写博客，制定计划草稿。让自己适应开始做新东西时的恐惧心理以及克服恐惧的感觉。拿出纸和铅笔，列出你想解决的问题清单，这些问题可以是工作上的，邻里关系上的，或者是世界性的。然后选一个。思考用有趣的方法来将问题定型（参见第9章）。只有开始做点什么，你才会开始真正学习。而如果你无法在工作中找到方法启动一个项目，那就周末做——历史上有无数的创新者从来没有拿到过经理的批准来实现他们的想法。总是有启动项目的方法，只需挑一个足够小的项目以便你能

译注11 书的全名是《The No Asshole Rule: Building a Civilized Workplace and Surviving One That Isn't》，意思直译是"无混蛋的法则：建一个文明的工作环境以及在不文明的地方生存"。

够自己做,然后开始为它工作即可。

2. **忘记创新：专注于做好事情**。世上的大多数产品并不是非常好。你很少需要一个突破性进展才能改善事物,赢得竞争,或者是帮助那些受到某个问题困扰的人们。如果认真地研究那个你试图解决的问题,你会发现有很多明确的方法来让它变得更好。这就是最适合的起点。如果你解决了一个客户面临的难题,让他们高兴并且赚到了钱,你还会真的认为客户关心你的解决方法是不是创新吗？他们只想要解决他们的问题。如果你用传统疗法治愈了癌症,病人会不会拒绝,并说,"但这不是创新性的方法"？当然不会,所以别担心。使用日后被称为创新人士的人们工作中常用的词汇：问题、原型、试验、设计以及解决方案,而不是那些科学术语,例如突破、变革、改变游戏规则以及创新。这个做法让你脚踏实地,防止自我膨胀,偏离简单地制作好东西的方向。

3. **如果你与他人一同工作,你需要领导力和信任**。如果人们互相猜忌,那么顾虑你正在使用何种创新方法,或者你将花掉多少预算就毫无意义。这是领导者的任务,正如第7章所描述的那样,来创造一个信任的环境以便让想法可以自由地流动和成长。同样也是领导者的角色来运用他的权力以承担风险,并且保护团队免受风险的危害。这听起来很显然,但四处看看,做到这一点的很罕见。很多人并不信任他们的团队,领导者也不愿意用他们的名声来为新想法做赌注。在领导者中很难找到这样的人,通常这些领导者不仅不愿意在出问题时承担责任,而且也不愿意在下属努力获得认可时将荣誉授予他们。如果你是个领导者,重担就在你身上。如果你不是领导者,而你又不为某位创造信任氛围并且愿意承担风险的人工作,创新就不会在你所在之处发生。你可以辞职,可以迫使问题解决,或者接受现状。

4. **如果你与其他人一起工作但事情进展不顺,就把团队变得更小些**。很多发明诞生于小公司不是没有原因的。在很多大型组织中,总是有太多的人牵扯到任何即将产生的有趣事物中。

当事情进展不顺利时，我给团队们提出的第一个建议总是裁减人员：减少作决策所涉及的人员。让3个人同意冒险比让30个人同意做同样的事情要简单得太多。而对于一个决定，3个人能够全部获得的资源和投入的热情是30个人绝对无法比拟的。另外一种解决方法是挑选一位有创造力的领导人并赋予她更多的权力。一位电影导演是一部电影的唯一创新领导，然而大多数公司和学术项目都把领导权分散到各个委员会，稀释权力，这就常常让决策变得更加保守——与你想要的效果正好相反。

5. **为有趣的"错误"感到快乐**。如果你在做新东西，那第一次、第二次，甚至可能第五十次都不会一帆风顺。这没什么问题。你的心态必须是"我从刚刚做过的事情中学到了什么吗？"它有可能是一个教训，即你试过的方法行不通，但这也是你之前不知道的东西。教训越有趣，就越好。你要培养一种试验的心态（参见第3章），拷问自己所做过的一切，然后把那些问题的答案用来帮助后续的尝试。很多人尝试第二次或者第三次就放弃了，其中的原因跟历史可没什么关系。在这本书中提到的故事中，没有任何一个其中提到的聪明绝顶的头脑可以尝试如此少的次数就成功了。坚持不懈，概念本身跟字面看上去一样朴实无华简单易懂，但却只有极少数的人具有这样的品质。

持续专注在简单计划上是困难的。你会梦想一种更容易的方式，甚至妄想一个花招或者公式可以躲避所有的工作和风险。但我希望你在本书前面读过的故事可以坚定你的信心并且帮助你保持简单的观点。如果你坚持阅读这本书，应该有故事——都是基于事实的——来驳斥很多在周遭会经常遇到的神话。

后面几章将为你在遵循简单计划时会面对的三个最根本的挑战提供建议：想出主意，向其他人解释这些主意，以及在新项目的兴奋劲头过了之后仍然保持激励状态。这些章节是基于原先在我的网站上发表的随笔，但都为了收录入这本书被大幅地改写过了。

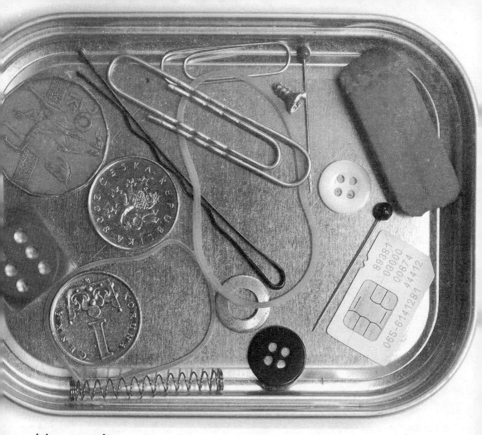

第 12 章

创造性思维探秘

我们每一个人都具备所有必需的条件以变得更有创造性。问题是学校、父母和工作场所都倾向于因为遵守规则而奖励我们。学着问自己问题并且寻找自己的答案是某种完全不同的东西（这是创新性思维的一种简单定义）。本章是一个快速、紧凑的版本，对应于我在华盛顿大学所教的一门课程，这门课是关于任何人——只要具备某些诚实的努力——都可以在任何任务任何时候轻易地变得更有创造性。

摒弃创新浪漫

像如今的大部分媒体一样，本章开始就是暴力以及毫无必要的惊叹号！闭上你的眼睛，然后想象在所有造出的剑中最令人惊异的那一把。现在，把它握在手中，向任何你曾听到过的创新传奇挥剑斩去。（我们曾经浪漫化过达芬奇、莫扎特以及爱因斯坦并将他们比肩于神祇，将他们在日常生活中的平常方面忽略不计，我们取舍夸张得如此厉害，以至于如果这些伟人的母亲听到我们讲述的传奇，她们将绝对想不到这是在说自己的儿子。）下一步，用剑附带的薄荷味火焰投掷器，把你小时候听到的牛顿和苹果，本杰明·富兰克林和闪电风筝，以及爱迪生和灯泡这些传奇故事一把火烧了。想想其他你听到过的类似的传奇故事，即使在本书中没有提到过它们。这些流行的创新传说是欺骗专家，撒谎大王。它们已经被改编过，用来迎合大众，而不是用来给真正有志于从事创新工作的人们提供信息或者帮助。用你的剑把它们一个接一个地全部劈成两半，以防万一，再朝它们扔几个裹着凝固汽油的手榴弹，看着这些陈旧、破碎的创新观点燃起熊熊烈火。围着冒烟的火堆跳舞！在这些余温尚存的创新神话的灰烬上烤棉花糖吃！这个时候乐趣就开始了：让自己获得自由。让你感觉像在年轻时所做的那样，没有任何先入为主的观念来判断什么是或者不是创新。

在这片新土地上，种下以下简单的定义：一个想法是其他想法组合而成的产物。大声地把这句话说5遍。对着你的猫也说一说。把你的车窗摇下来对着等公共汽车的陌生人大声喊一喊。你所见过的每一个令人惊讶的创造性事物或者听到过的创造性想法都可以被细分为以前已有的小一些的想法。一辆汽车?无非是一个引擎加轮子。一个电话?电力和声音。Reese牌花生黄油杯?花生黄油加巧克力。一切伟大的创造性想法、发明以及理论都由其他众多的想法构成。你为什么要了解这个?因为假如你不想做个消费者,而想当发明家,就必须审视现有的想法,把它们作为供你思考的燃料。你必须不再把这些现成的东西看成物体或者功能性的事物——它们是等待着被重复利用的组合成分。

组合

烹调是创造的绝妙类比:一个大厨的天赋在于他把一些材料放在一起来创造其他东西的能力。即使是历史上最有能力的大厨,也无法仅仅通过集中精神来创造腌肉,也不能去跟神圣力量商量应该把熟透的西红柿放在进化产物的名单里。坚信通过组合来创新的世界观在很多方面给予创新者帮助。它意味着如果任何时候你觉得创新无方,解决方案就是更加仔细地审视可选的组合方案,或者把某样东西拆散来看看它是怎么做出来的。增加创造力也就是增加你的观察力:对可能的组合方式变得更加注意。现在来做个测试:快速地挑选你面前的两样东西,比方说,这本书和你令人心烦、臭烘烘的朋友罗伯特。现在闭上眼睛想象把他们组合在一起的各种方式。

如果你想不出来,这里有3条供你参考:

1. 给罗伯特弄个目录
2. 一本令人心烦、臭烘烘的创新书
3. 读一本关于罗伯特的脸的书,或者干脆写一本书来讲罗伯特的脸

尽管这些组合可能没什么用、不好甚至不现实,但它们绝对有创新性(而如果你认为这些东西都很傻很幼稚,那你已经把品位不高和缺乏创造力混淆了)。如果为这个组合加入第三个元素,比如

一加仑的卡布其诺咖啡,可能就会产生更加有趣的组合(一本咖啡过量、臭烘烘的书再加上罗伯特令人心烦的性格)。

日积月累,创新大师们学会发现、评估和探索比其他人更多的组合。他们变得更擅长猜测哪些组合会更有趣,所以他们成功的几率提高了。他们也学到了有可重用的组合,或者是模式,可以被一次次地重复用来发掘新想法或者修改现有的想法。比如,历史上的音乐家重用各种旋律、和弦进行甚至是整首歌曲的结构。美国的国歌是基于一首古老英国饮酒歌曲的曲调[1]。迪斯尼电影《狮子王》重新演绎了莎士比亚的《哈姆雷特》。莎士比亚很有可能受过早期希腊悲剧的影响。研究任何一个创新领域,从喜剧到烹饪到写作,然后你会发现重用和重新组合的模式无处不在。当一位艺术家创作一幅画作或者一位作者写作一部小说,作品就魔法般地从无到有出现在她们的手下,这不过是个幻想。每件事情都有某个出处,无论这件事情有多令人惊讶或者精彩。《蒙娜丽莎》不是第一副画作,迪斯尼的儿童歌曲"Survivor"也不是第一首4分钟的R&B单曲。

我不是建议你去剽窃其他人的作品然后冠以自己的名字。那是盗窃,一种相当没有创意的盗窃而已。相反,目标是认识到这世上有多少事物可以借用、重用、重新阐释、启发思维,或者是在不违法或不背信弃义的前提下重新组合。每个领域都有自己的规则和边界,但创新领域要比你所设想的更自由。[2]

禁忌

我们害怕。我们害怕黑暗以及父母在黑暗里做的事情。我们小小的、高效的大脑恪尽职守地让我们想象着让我们恐惧或者费解的

---

[1] http://en.wikipedia.org/wiki/The_Star_Spangled_Banner。

[2] 对这种说法的一个有意思的挑战是音乐取样的问题。一首歌可以被另外一位艺术家取样或者重用多少? 二分之一? 五分之一? 一点也不行? 参见精彩的影片《Copyright Criminals(版权犯罪)》,它从很多角度探讨了这个问题(影片中还有很多很棒的音乐):http://www.pbs.org/independentlens/copyright-criminals/film.html。

事物。这对生存有利，但对组合创造有害。我们拒绝很多组合方式是因为我们对结果的预期。但记住：我们在预测方面做得很糟糕。路易斯·托马斯（参见第7章）提到过在他的研究实验室中笑声是取得进展的最好标志，而笑声通常来自于吃惊。

我们中的很多人本有创新的潜力，但失败了，只是因为在关闭自己的过滤器和恐惧方面比较困难。我们拒绝做任何可能产生意外结果的事情。我们寻求来自于老师、老板和家庭等方面的外部肯定，但创造力通常仰赖于自我肯定。我们必须由自己来判断自己的想法是否有趣或者有用。

从某个角度看创新者，是他们对自己的恐惧有更强的控制力或者说他们对羞辱没那么害怕。他们不一定更聪明或者更能够想出好想法，只是主动过滤掉的想法比我们其他人要少一些而已。创造力更多地是与无畏有关，与智力以及任何其他与智力相关的肤浅形容词无关。这就解释了为什么很多人在饮酒、服药或者深夜之时感到更有创造力：这些时候他们的禁忌变少了，或者至少被改变了，他们允许自己比平时看到更多的事物组合。

环境

创造力是个人的事情。没有一本书或者一个专家可以指示你如何能够变得更有创造力。你必须花时间专注于自身：什么时候最容易想出主意？独处时吗？还是跟朋友在一起？在酒吧？在海滩？一天中有没有你最放松的时候？有播放音乐吗？关注你自己的生物钟然后根据节奏安排你的创造性活动。按照爱默生的说法，这称为自我认知[3]：作为一个创新者，如果你不留心自己的行为以及学习如何在自身的宇宙内培养自己的奇观，那就不可能有什么产出。没有什么比通过模仿别人来塑造自己更违反本性的了。那样是行不通的——书本、课程和老师都无法教给你这一点。

3　阅读拉尔夫·瓦尔多·爱默生的散文《依靠自己（Self-Reliance）》：http://www.emersoncentral.com/selfreliance.htm。

为了了解自身，你需要体验不同的工作方式，然后留心哪一种方式最适合。它们可能不是你所期待的那样，也不符合你关于创造性工作应该如何完成的成见（比如，过滤器），或者是适合一个42岁的中年经理人去做的。我了解自己在深夜之时最有创造力，但这很不方便，我的家人也不胜其扰，但我必须认识到这一点是真的。如果我想要最大程度地发挥我的创造性，我就会在晚上工作几个小时。我们每个人对环境因素的反应都不相同。挑战的一半在于尝试并发现最适合自身的那一个；另一半在于不论这个因素如何不方便或者出乎意料，都予以认可。

坚持

偶尔创新一两次不难。但如果想按需创新，你就必须培养有益的习惯，这就与坚持有关了。你不会总是针对一个问题马上就能找到有趣的组合，正视恐惧并克服它们也绝非乐事。到了某个时刻，所有创新任务都变成了工作。有趣好玩的挑战消逝了，而为了把想法变成现实所必需的平凡、乏味、不甚荣耀的工作开始了。研究伟大创新者的历史，你会发现一个共同的核心，那就是意志力和专注投入是他们的驱动力。凡高、米开朗基罗还有莫扎特天天工作。爱迪生、海明威、贝多芬还有大多数传奇般的天才都比他们周围的人工作勤奋。忘记聪明和基因遗传，伟人和我们之间的最大区别在于他们专注于自己的技艺。我们熟知的每个名人的身边都有同样聪明甚至更聪明但要懒两倍的其他人。这些人常常在项目完成前放弃。猜猜看为什么我们不知道这些人的名字呢？想法只有变成那些可以被别人分享的事物才会引起世界的关注。

当我在讲授创造性思维时，常常问听众中有谁有一个关于商业、电影或者图书的想法。大部分听众都举起了他们的手。然后我问有多少人为这些想法做过任何工作，大部分听众又放下了他们的手。这就说出了事情的全部：想法是懒惰的。它们本身不会做任何事情。如果你不愿做任何平淡乏味的工作来把想法变成现实，问题就跟创造性扯不上任何关系。

当一个想法在你的头脑中完全形成的时候，无法回避这样一个事实，即如果这个想法要改变世界，它就必须离开你的头脑——只有努力和专注才能促成这个旅程。写方案，做设计草稿，向别人解释想法：这些全是你会做的工作。但为了让自己的想法变成现实，你真正愿意走多远？

创造性思维揭秘

以下是一些明智的做法，用来帮助创造性思维：

- **启用想法日志**。写下在任何时候头脑中闪现的任何想法。不要有所顾忌：任何想法都记下来。你可以让这个日志秘不示人，所以也就不用有任何过滤以避免主观臆断。这应该能够帮助你发现自己的创新节奏，随着时间推移你会注意到一天之中什么时段自己更有创造力。我推荐使用纸质的日志，这样可以让你自在地写写画画，但电子的日志也行。当你毫无头绪的时候，翻翻自己的日志。你会发现有个早已忘记的过去的想法能够被用到你正在解决的问题上面。

- **给潜意识一次机会**。在洗澡时想法涌上心头的原因是你非常放松以致潜意识继续思考。让这种情况更简单些：找个时间让头脑放松。跑步，游泳，骑自行车，做爱，做某件与你的创新性问题不相关的事情，越不相关越好。之后，你或许会发现那个让你挣扎了一个早晨的问题其实没那么难，或许你有了新主意来尝试解决它。

- **用身体帮助大脑**。对于你的逻辑思维而言，这完全是违反直觉的，但这正好是它完全有可能行得通的原因。在约翰·麦地那（John Medina）的《Brain Rules》一书中，他解释了体育活动，哪怕是人们不喜欢的，是如何对大脑功能产生积极影响的。这项理论是说在人类进化的历史上，体力发挥和最大限度的脑力运用是被关联在一起的（想想在被老虎们追着跑时你得多么有创造力）。如果你的身体是活跃的，头脑也会随之而动。爱因斯坦和玻尔[译注1]经常在出去远足的同时进行物理学辩论——他们都相信走动时可以更好地思考。这对你也许也是适用的。

- **逆向思维**。如果你的思维堵塞，没有头绪了，就想想跟你的目标完全相反的想法。如果你的目标是设计团队里最棒的网站，就转换到去设计一个你能想象出来的最烂网站。逆向思维5分钟就能将你的沮丧一扫而空，让你笑出声来，而且可能让你克服恐惧。有很高的可能性你会想到某些糟糕得令人感兴趣的想法，然后研究这个想法，你就会发现用任何其他方式都无法发现的绝妙想法。

- **转换模式**。每个人都有自己最偏好的表达想法的方式：画草图，写下来，聊一聊。如果转换一下你正置身其中的工作模式，就更容易发现不一样的想法，而且你对某个特定问题的理解也会有所改变。这种方式既能发现新想法，也能深入探究目前专注的想法。用纸张来工作，而不是电脑，能让这变得容易，因为可以在纸张空白的地方写写画画（转换模式的形式之一），这是你用鼠标和键盘无法做到的。或者，尝试向一个小孩或是你认识的最聪明的人解释你的问题，这将会迫使你从别样的角度来描述和思考问题。

- **参加一个即兴喜剧课程**。这不像你想的那样困难或者痛苦。这些课程，通常都是由最即兴的喜剧团体为普通人开设的，围绕着简单的游戏构造出来。你只需准时上课，玩些游戏，然后慢慢地每个星期你学会如何对游戏中为你设置的情况给予更多的关注，以及如何对这些情况作出回应。最终你将变得更加适应在对结果没把握的情况下用组合方式进行发明。

[译注1] 尼尔斯·玻尔（Niles Bohr, 1885—1962），丹麦物理学家。提出了量子不连续性，成功地解释了氢原子和类氢原子的结构和性质。1922年由于对原子结构理论做出的重大贡献，被授予诺贝尔物理学奖。1943年，玻尔从纳粹德国占领下的丹麦逃到美国，参加了研制世界第一颗原子弹的"曼哈顿计划"，但对原子弹可能带来的国际问题深为焦虑。1945年二次大战结束后，玻尔很快回到了丹麦继续主持研究所的工作，创立了著名的"哥本哈根学派"，并大力促进核能和平利用。

- **找个伙伴**。有些人跟有创造力的朋友在一起时更有创造力。结成伙伴共同做一个项目，或者加入其他正在做单人项目的有创造力的人，这些方式都令活力保持在很高的水平。他们将给你的主意带来全新的视角，而你也同样会给他们带去全新的视角。这样也可以让你在事情进展不顺利时有个一起喝酒的同伴。

- **停止阅读开始动手**。英语里"创造(create)"是个动词。保持活力。去动手做事情。做晚餐，作画，生一堆火，制造点噪音，去做就对了。假如你所有关于创造性的尝试都包含着消极的消费，不论你消费的东西有多么了不起，你将总是一个消费者，而不是创造者。一整套的创造者文化已经在那了，而且还提供了项目和工具来帮助你开始。参考网站 *http://makezine.com* 和 *www.readymake.com*，它们都等着向你指明创造的方式。

第 13 章

如何推销一个想法

推销是给处于劣势地位的人准备的。除非需要别人的某件东西,无论是为初创公司筹集的资金还是确定产品发布日期的许可,否则你不会去推销。如果你把自己放在某个位置去进行推销以拿到自己需要的东西,就别装作一切还在自己的掌控之中,以免把事情搞砸。不在你的掌控之中。你是在请求别人,而如果想要得到请求的东西,你就必须准备。推销的目标,是尽可能容易地让某个人同意你,这个目标并不会自动达成。第4章是讲为什么一个想法是绝不会自己把自己卖出去。根据我的经验,在有好想法的人群中,最缺乏的技巧就是说服别人认可这些想法的优点的能力。在本章中,我会向你提供一种简单的方式来考虑如何推销,这个方式会极大地增加你的机会。

向某位拥有你所需要的资源的人士阐述一个想法的行为就是推销:动画演示,商业计划,或者是任何由一个人向另外一个人介绍一个想法的方式。尽管行业之间有所区别,但是基本的技巧是相同的。

所有想法都要求变化

根据定义,为一个想法采取行动意味着在宇宙中某些不一样的事情即将发生。即便你的想法毋庸置疑地精彩绝伦,它也会迫使某人、某地去改变某些事情。大部分人不喜欢改变——他们害怕改变。而你的想法中最令人心动的品质也许正好是这个想法让其他人难以接受的地方。伽利略肯定为自己证明太阳是太阳系中心的贡献而自豪,但他极度地傲慢并且对用教会能听懂的词汇解释这一观念毫无兴趣,致使他和他的理论不受欢迎。所以,很多有了不起想法的人惊讶于外界对他们的想法的抗拒,变得沮丧。而正是沮丧让他们的推销变得更糟,变得让其他人接受他们想法的可能性越来越小。

当你,作为一个创新者,将你的伟大想法放在某个不希望变化的人面前,你和你的想法就处于不利地位了,因为对方的回答一般就是说"不"。所以，在你推销之前，你必须研究过去的创新者们，然后准备好面对各种常见的拒绝方式（常见本书第6章的"想法杀手"）。求助于一些对变化感兴趣的人，或者是你知道自己的想法可以满足他的需要或解决他面临的问题的人，也比较有用处。这样一来你就不再是谈论自己和自己的想法，而是你会介绍一个可行的方案来解决他们的问题。与刻板、经营状况不佳的组织相比，第7章中所描述的健康的企业文化让推销想法和产生变化变得容易很多。高明的领导者通常会依靠变化，不仅鼓励积极的变化发生，而且期望组织中所有阶层都投身于变化之中。要让这样的环境能够成功产生，需要经理人的成熟可靠，但一旦他们克服阻力办到了这一点，聪明的人就会被系统化地受到鼓励以发挥他们的聪明才智。但不管你跟谁一起工作，策划一个优秀推销方案的重担就落在了创新者的肩膀上。下面的步骤在策划和演示一个有效推销方面给出了一些建议。

步骤1：提炼你的想法

潜在的想法推销者所犯的经典错误是在这个想法准备好之前就匆忙去演示。当大部分人有了一个有趣的想法时，他们的自大就迅速诱使他们去做一些愚蠢而又没有建设性的事情，比如去跟每一个打交道的人讲自己的新想法有多么了不起，让听众不胜其烦。

觉得自己是个聪明人的兴奋让他们忘记了以下几点：

1. 有数以千计的好想法在四处活跃。
2. 人们很少仔细地思量他们的想法并确认为什么在此之前没人去实践这个想法。
3. 在别人认真对待这些人之前，他们必须把与实现想法有关的计划、技术和思考都准备妥当。

所以，为了演示一次优秀的推销，你必须考虑执行和交付。比如说"我们应该建造每小时跑1 000英里的汽车，每加仑汽油能开100英里并且能够很容易地折叠放到你的背包里"以及"我们应该拍一部儿童电影,有趣而又充满智慧,适于家长和儿童观看,同时又有正面的精神和道德寓意"都算得上有趣的想法。它们都是好开端。但它们都不适于推销,除非有份详细的计划书来把抽象的想法("建造一部突破性的汽车")变成具体且现实的计划("我已经设计好的发动机把汽油的效能提高了10倍")。

除非概念和实际成果都做得差不多,能够表明一个想法的内涵与它的实质是一致的,否则想法就没有基础,推销就会与失败联系在一起。人们能迅速地通过两三个基本问题就瓦解一个这样的想法。应该常常记住,从一个有趣但模糊的想法过渡到一个具体而可行的计划是困难的。找一个不觉得你在浪费他的时间的朋友做听众,把你那基于直觉尚未成型的想法说给他听并收集反馈,这没什么问题。但在你准备好回答下列问题之前,不要向你的老板或者潜在投资人进行推销:

- 这解决了什么问题?
- 什么人有这样的问题?这个问题对他们来说重要吗?有证据表明这些人愿意花钱来解决这个问题吗?
- 这个想法中最困难的挑战都有哪些?你将如何逐一解决?
- 你有一个原型、实例或者演示吗(也称为概念证明)?在剩下的工作中,最困难的是什么?
- 为什么你是解决这个问题的合适人选?
- 为什么我们的组织应该提供资金/支持/时间给你来实现这个想法?

这些种类的问题是某个每天都收到推销的人(比如说,一本关于创新的书籍的作者)会问的问题,所以一个优秀的推销者应该比泛泛思考问题答案做得更多些,尤其是她相信听众足够重要而她只有一次机会来推销自己的想法。所以在推销的准备阶段,应该想着这些问题,那么她对这个想法的思考会极大地改善,她会发现很多重要的细节、陷阱和可能性,这些东西都是推销的听众有可能提到的部分。

步骤2：塑造你的推销

想法越宏大，要求发生的变化就越多，而所有事情都是均等的，这种情况下也就意味着推销必须更仔细。说服一位首席执行官来启动一个百万美元级别的新项目，会比说服你最好的朋友把他的铅笔借给你用要花费更多的努力。首先，评估你的想法的范围，从窄到宽，它是：

- 对现有事物的一个修改吗？
- 现有的产品、网站或者公司的一个新功能或者改进吗？
- 现有的产品、网站或者公司的一个主要新领域吗？
- 一个全新但小而且简单的项目吗？
- 一个全新但大而且可能复杂的项目吗？
- 对现有组织的一个架构上、方向上或者原则上的改变吗？
- 一个新组织？
- 一个新国家、新星球或者新维度空间（抱歉，但你将不得不到别处去找人帮忙来向维持宇宙运转的原力进行恳求）？

当你已经确定了范围，搜索一下范围与你类似的其他想法的推销结果。找出它们是怎么做的以及成功与否——如果没成功，从它们的错误中吸取教训。有很多关于推销商业计划、电影剧本甚至是你自己（比如，工作面试、约会）的书籍。把你的准备做好：针对你正在做的这一类型的推销了解一些基本的战略和业界期待。在此我无法一一列举，因为每个行业之间都有差异，但让你的想法被忽略的最简单办法就是，不去四处收集信息来找出在你的领域中推销普遍是什么样的形式。

步骤3：追随权力

列出一个你的推销的潜在受众（也称为接收人）的名单。其中可能有你的老板，副总裁，另外一家公司，一家银行，一家出版商，天知道还有谁。这个名单应该基于两个标准：你跟谁或许能够联系上，以及谁拥有能够实施这个想法的权力。这里有个关于谁有你所需要的权力的粗略指南，从绝妙到令人沮丧排序：

- 你
- 一个朋友或者你的组织中的同事
- 你老板
- 在组织中位置比你老板高的某个人
- 其他组织中某个你认识的人
- 某个你既不认识也无法轻易联系上的人
- 你不知道谁有权力

你不知道谁有权力，而你意识到自己此刻正瘫倒在阴冷潮湿的地下室地板上，一只眼睛滴溜乱转的松鼠正用削尖的铅笔戳你的肋骨（看到没，事情总是可能变得更糟）。如果你不知道该向谁推销，就四处打听一下。如果没人来参加你的推销，也没什么必要去准备完善了。如果你没法联系上那些手中有你所需要的权力的人，就列出那些能联系上这些人的人，照此类推，直到你认识的人出现在名单上为止。你可能需要沿着这个人际网络做工作，做多次推销，最后才能取得想要的结果。在做真正最重要的推销之前，可能要花几天、几周甚至几个月的时间准备并且去对着不相关的人讲解。这让理想主义者垂头丧气，他们通常会说："我的想法如此伟大，为什么我要经历所有这一切？"原因很简单，人们对自己的想法的判断很糟糕。所有其他宣称有伟大想法但实际上却没有的人已经把那些手握实权的人烦透了，因为这些实权人物不得不做很多额外的工作来鉴别那些想法。真正有热情的会花时间来弄清楚，但那些只是口头说相信别人想法的人不会花这个时间。

步骤4：从他们的视角开始

把你的推销放在一边，想象一下用推销对象的思路来换位思考。她是怎样看待世界的？她可能会对什么样的事情感兴趣？通常她的一天是什么样的？她一天要听多少平淡乏味的推销？考虑一下她的世界观并且在准备你的推销时把它放在心上。你的推销能更好地符合她的需要，你就有更大的成功概率，甚至获得30秒以上的倾听。这不是说你应该去兜售或者创造你认为只有特定的一个人会喜欢的想法。相反，你必须意识到你的视角是如何不同，然后再基于这个意识来改进你的想法——主要是怎样去与别人交流这些想法。这或许会帮你决定应该向谁去推销：组织中最有权力的人或许毫不认同你的哲学，但第三或者第四有权力的人或许认同你。后者就是开始推销的较好起点。

如果最佳推销对象是你认识的人，就要开始注意他如何处理别人的推销。你看到过他同意一个建议吗？世上有从不说"是"的人，这种情况下推销失败的原因就跟你或者你的想法没有任何关系了。有些人只相信数据，除非看到数字，否则根本不会听你在讲什么。还有些人需要听到一个相关的精彩故事来揭示问题所在。人们的偏好如此不同，所以你对自己的推销对象了解得越多，并且研究之前他同意的推销，你成功的机会就会更大。

步骤5：准备三份推销

永远为你的推销准备三个版本：5秒、30秒和5分钟。[1] 5秒版本，也被称为电梯推销，是关于你的想法的最简洁单句子公式。提炼，提炼再提炼你的思维，直到你能用一个短句子来讲解某些充满智慧而又有趣的东西。对着朋友、同伴或者陌生人练习你的5秒钟推销，然后请求他们帮你再次提炼。"我的想法？它是一种让汽车引擎效率提高两倍而且功率提高五倍的方法。"这适用于任何想法：绝不要让你自己相信你的想法如此复杂而且令人惊异，以至于无法用一句话解释清楚。如果你把这个作为借口告诉我，我会说这意味着你还没有足够努力地为这个想法工作，从而理解如何用简单的词汇表达这个想法。

---

[1] 阿里·布棱克霍恩（Ari Blenkhorn）几年前给我建议了这种划分方式。

作为证明,这有一份名单列举了各种复杂的想法和与之对应的5秒钟解释。

发现 DNA
"我正致力于解释人类细胞是如何复制的。"

发明灯泡
"我正从电力中制造光亮。"

写一本精彩的小说
"这个故事探索了数字化时代 20 岁左右年轻人的焦虑。"

改进防抱死刹车算法
"我正让汽车驾驶更安全。"

30秒和5分钟版本应该自然地延伸5秒钟版本的内容。在30秒中,要留时间解释你将如何达到你描述过的目标,或者假如大家觉得你的5秒钟版本不错,你可以再列举两到三件他们想了解的最显著的事情。如果你不能把你正在做的事情浓缩在5到30秒内解释清楚,也不用再考虑5分钟版本了:你根本不可能让别人听那么久。然而,既然有人偏向于为推销写提纲,这就有机会把5秒、30秒和5分钟的版本一次全部写好。这种情况下,通常最好能保持同样的结构。从你最短的推销开始,然后再提供进一步的细节,最后给出每一点细节来解释如果得到所需的资金和资源,你将如何达成在第一句话里所描述的目标(那个5秒版本)。记着,在推销想法时,你不会已经具备所有的材料。所以,至少要简明扼要地考虑一下你将如何处理下列情况中可以利用的各种工具:

- 电梯:只有你和你的想法
- 缓慢的电梯:你,也许还有你口袋里展示的东西
- 午餐:你,或许还有某种可以演示的东西,可以在上面画的餐巾纸,酒精
- 总裁评审:你,你的笔记本电脑,投影显示,准备好的打印

材料，赞同的人，不置可否的人（splunge men）[2]

有时和一个搭档一起推销可以成为你的优势。如果你能够找到一个搭档与你的技巧互相补充，共事也很愉快，那就是值得的（当然尽管你的自我意识或许会试着让你相信单干更好，其实可能不是这样）。搭档会带来双倍的人际关系网络，两个人一起思考也会让你的想法受益，而且在房间里你至少有一个盟友。

步骤6：测试推销

你在一个想法上花的时间越久，就越容易自我膨胀。走出你的办公室、格子间或者部门，找些聪明、诚实的人来给你反馈。请求他们假装成你计划中推销的对象（这会很有趣，如果他们装得像比尔·盖茨、唐纳德·特朗普[译注1]、马基雅维利、欧兹·奥斯本[译注2]或者是你老板的漫画版），然后完整地做完你的推销，回答他们的问题（或者忽略他们的笑声）。你并不是总能得到你想要的反馈，但这将同时磨炼你的想法以及谈论想法的方式。从你的推销演练中开列出一个在推销中估计会被问到的问题名单，然后准备回答它们。接着再重复这个过程一遍又一遍。

步骤7：正式开始（推销即演出）

世界上最稀有的是三种人：

- 完美的沟通者
- 有趣而又实用的想法的发现者

---

[2] "splunge"一词的意思是"我说是但我不是一个赞同的人"。如果你以前从来没有听过这个词，而又要花时间参加会议，你就该给自己补上这一课，去观看《巨蟒之飞行马戏团》第6集（《Monty Python's Flying Circus》）。

[译注1] Donald Trump，美国工业巨子、社会名流、作家和电视名人。参见http://en.wikipedia.org/wiki/Donald_Trump。

[译注2] Ozzy Osbourne，英国歌手、歌曲作者、重金属摇滚乐队"黑色安息日"（Black Sabbath）主唱。参见http://en.wikipedia.org/wiki/Ozzy_Osbourne。

- 把想法变成真实计划的实践者

同时擅长于以上三项的人就更加稀少了。如果你认为自己就是这样的，那你很可能是弄错了。从你父母以外的人那里听取一些诚实的反馈，再决定自己是不是该对这一点坚信不疑。

即使是对于那些足够幸运同时具备这三项技能的人而言，推销也是一种表演。它要在现场实时地在其他人面前完成。表演需要练习——还不仅是前面描述过的测试那种水平的练习。有很多微妙的要素，比如目光接触、声调以及传达说服力的能力，这些东西如果不是在实战中有很多小时的锻炼，你是不会对此有感觉的。而假如你的确花时间去练习，又有造假吹嘘的风险，就像文斯（Vince），那个《ShamWow》电视购物节目中的家伙所获得的名声一样。有太多的锤炼和优化需要你去完成。练习并且聆听反馈是你最好的同盟，但令人伤心的是没有把它们做正确的魔法公式。那些提供魔法公式或者在推销中依靠耍花招和操纵手段的人，都是要么没有努力地去理解他们的听众，要么就根本不相信自己正在推销的东西。

我能提供的最好建议就是确保你为别人肯定的回应做好准备。如果他们说："你讲的那个很有意思。你想从我这里得到什么？"你需要钱吗？还是一个团队？和高级经理开一次会？从他们那里得到承诺来评审一份更长的建议书？了解你需要什么，在心里想好步骤的顺序，然后做好准备提出要求。如果你还将需要其他人的批准，就请求他们为你安排一次会议。如果有一个表格要填写，请确保你手里有一份这样的表格。如果你刚刚在电梯的狭小空间里向某人推销完毕，只要请她允许你给她写邮件即可。

步骤8：从失败中学习

当我看到如此之多的人指望他们为了他们的第一个宏大想法的第一次推销就给他们带来想要的东西，对此我一点也不惊讶。大多数推销都失败，大多数生意也都失败。而绝大多数成功的创新人士，包括企业家，要推销很多次他们的想法才会有一次成功的。但即使是他们得到了预算资金或者所需的支持之后，当他们梦想成真，仍然不得不向外界宣传自己的成果，这真的只是另外一种推销而已。这就是创新者的重任：如果你要做点新的东西，在此过程中就有一堆不那么有趣的事情随之而来。这就意味着当事情进展不顺利的时候，别浪费时间去抱怨不公平，因为其实从某种程度上来说挺公平的。每个人都经历过想法被别人拒绝，不管这个想法是好是坏。没有人可以豁免。能做的最有用的事情是把已经发生的事情转变成一种学习体验。别艰难地一遍又一遍重复同样的错误。花时间总结什么做得不错，什么做得糟糕，然后你能学到什么。

不把一个失败的推销到底是什么地方出了纰漏想清楚，就别上床睡觉了。他们不同意哪些要点？他们在什么地方打断了你？他们驳斥了什么前提假设？你也许就学到了开绿灯的条件，而之前你是不知道的。也有可能他们是反对你的某些方法：也许他们不喜欢在午餐时间你咄咄逼人，在他们面前挥舞一叠子的打印材料。如果在房间里有其他人观摩，问问他的反馈。简单地说，就是要从做过的推销里面获得最大的价值。挽回你的投资。用尽一切方法让下一次推销比上一次更好。而且绝不要犹豫重温你的想法，把你在推销中所学到的不仅用在推销上，也用在想法本身，让想法比以前更好。从策略的角度：问一问，"我还能给其他什么人做这个推销？"每个组织的层级结构中都有很多人在同等的级别，他们中有没有任何人会感兴趣？从步骤3开始重新审阅你的名单。在需要多少能量才能让你的想法得到实施这一点上考虑妥协，或者要不把你的想法拆分成更小的想法。或许可以首先专注在你的宏大想法的第一小片上，而后等你开头获得成功后再重新来看剩下的部分。

步骤9：走自己的路

在每一次对创新的追求中，都有被"体制"拒绝的人，他们自力更生，聚沙成塔地积累了自己的资源，然后做出了了不起的事情。小成本电影像《大人物拿破仑》译注3、《疯狂店员》译注4还有《圆周率》译注5之所以能够产生，仅仅是因为一小群人对自己的想法有足够的自信，愿意做出牺牲然后自己动手做而已。本书提到的很多著名公司都是从独立自雇的小单位开始的。今天，书籍和小说比以往更容易由自己出版。商业，尤其是那些网上的，可以借助小额商业信贷和次级按揭译注6的方式获得启动资金。如果你的想法对你有足够的推动力，让你承担风险并且利用好自己的时间，那就总能找到办法去做。这很可能让你不得不缩小目标，雄心不能那么大，但这又算得了什么呢？即使有人给你所需要的全部资源，也一样是万事开头难。如果选择自己做，你就完全掌握了自己最珍视的所有事情——不必再对兴趣跟你不同的某个人言听计从。在申请资金的时候，最有说服力的证据就是在简历上写明你曾经完全依靠自己的费用做过类似的项目。而最让你有成就感的事情，莫过于所有的决定都无需受制于借钱给你的人而妥协。总是有一种方法来让一个美梦成真——只要你有足够的创造力来找到这个方法。

译注3 《Napoleon Dynamite》，介绍参见 http://movie.douban.com/subject/1309170/。

译注4 《Clerks》，介绍参见 http://movie.douban.com/subject/1298320/。

译注5 《Pi》，介绍参见 http://en.wikipedia.org/wiki/Pi_%28film%29。

译注6 《second mortgages》，参见 http://en.wikipedia.org/wiki/Second_mortgage。

第14章

如何自我激励

所有伟大的任务无一例外地都在考验我们的自我激励能力。几杯啤酒下肚，想法就会不请自来，而在餐巾纸背面画几个粗糙的草图就能改变世界了。但就像大多数从酒吧带回家的东西，第二天酒醒后新挑战才会出现。就在晨光中开始一天的工作时，宏大想法开始变得复杂，而仅仅几个小时之前一切看起来还似乎都那么简单。在这世上做有趣的事情需要付出努力，所以并不出乎意料的就是，我们经常为了更简单、更有把握的事情而选择放弃自己的激情。尽管我们喜欢谈论天赋——那个乳臭未干，被夸奖得过高，但还有点用的混蛋——如果它被我们忽高忽低的自我激励锁在地下室里，那就什么也不能为我们做了。成就需要发现个人的自我激励能力并且学会使用这些能力。各个领域的大师都是首屈一指的自我激励能手，锻炼他们的意志来取得其他人无法（或者是不愿）取得的成就。然而，并没有真正的激励手册——只有通过别人的经验和教训来摸索前进。

主要的激励因素

以下这些主要的激励因素是我从自身以及这本书前面的篇章里提到过的某些著名传奇中发现的。如果这些因素起作用，我觉得你会斗志高昂。但假如这些因素并不起作用，想想缺失了什么，然后你就会开始探求对自己有用的激励方式。

愤怒

什么东西让你觉得受不了？在这个世界上，在你家所在的社区里，在你的工作场所，甚至是在你的家庭中有什么是让你受不了的？对此你准备做些什么？还是你将呆坐在那儿又过一个星期或者又过一年，假装一切安然无恙，就像其他人所做的那样？什么时候你才会将你的沮丧变成燃料来做点事情，任何事情，把这个世界朝正确的方向靠拢那么一小步？愤怒之余别只顾着发泄：把愤怒转变为可能性。用被一个系统弄得筋疲力尽的感觉来促使自己创造一个新系统。把负的情绪变废为宝，不管它是批评、挑剔还是竞争，即使这些情绪来自于你自己的内心，也把它们塑造成某种无法弄错的优点。

必须或者无聊

所有伟大的主意都要求付出艰苦的劳作。梵高得去调自己的油画原料，米开朗基罗得去刻自己的大理石。如果你袖手旁观而让自己的事情失控，那就把自己置于很不值得的境地了。有时去发现，去成长，去做某个伟大事情的唯一方法就是通过学习那些基本的、细微的或者乏味的东西来达成的：大量的重复足以精通任何事物。学习绘画、唱歌和舞蹈都是在技巧上微小进步的缓慢精进。在你去尝试一个很酷的挑战之前，一个无聊乏味的任务也许是必经之路。贝多芬和莫扎特也得跟其他所有人一样练习音阶，所以如果轮到你来练习自己的那一部分，也没什么好抱怨的。或者你也可以动脑筋：找一个愿意做你所讨厌的艰苦工作的搭档，或是某个想亲眼目睹你所钟爱的伟大想法的艰难诞生的人。

疯狂的必要性

故意把自己置于无路可退必须破釜沉舟以求生路的境地。签订合约写一本书，辞职拍一部电影，买一张单程车票去一个在你认识的人当中都没有人去过的地方。当然，如果你有要为之负责的对象（伴侣、子女或者是爱猫），并不建议拿你的生活来赌一把，但如果你负担起所爱对象的疯狂需求时，它的动力会让你自己也感到惊讶，特别是假如你曾经为了他们做过类似的事情。如果你不追问或者在任何时候都不曾以任何方式疯狂过，你只能怪自己：除你之外，没有其他人能够对一个你自己的想法全心全意。没错，你不知道事物到了极致之后的另一面是什么样的，但这也就正好是去追求极致的原因。

骄傲

证明人们错了。他们说这个不可能实现？实现它。他们告诉你那是浪费时间？那就浪费呗。绝不让任何人来为你决定应该成为什么样的人，怎样利用时间，或者是能够做什么样的事情。把那个否定你的人变成一个有竞争力的指路牌，把每一个怀疑你的人变成一个秘密的扭曲的拉拉队长。别在意他们批评的言辞——把它们用作弹药。采纳他们对你的评判，用你的骄傲驾驭它，并且骑着它就像马队从傻子们面前经过，越过山冈，奔向梦想。没有批评者？为自己设定一个没有把握达到的目标。写下来，签上名，贴在卧室的墙上，展示给亲戚朋友看，这样就让自己不能找借口或者找台阶下了。

死亡

如果你想这辈子跑到最多里程数，就得把此生当成唯一。亨利·罗林斯(Henry Rollins)说"我们潜力无限但时间有限"，他的意思是你不能做一切事情，但如果明智地选择的话，你可以做任何一件想做的事情。也许这件事情不会如你所愿地完成或者靠它养活你，但如果你在死之前有动力去做的话，它就会在某种形式上变成你的东西。每周一次，想象自己躺在灵床上（这会比较有趣：想想看墨西哥的亡灵节），问自己：如果知道今天死期将至的话，我会为没有完成什么事情而后悔？列出清单马上就做。否则，你所有的死前憾事就是活该了：你已知道死亡正渐行渐近。

乐趣

了解你自己喜欢什么。追随那些让你捧腹大笑的东西。这样做可能会花上你一辈子的时间，因为：

1. 爱好随着我们的年纪改变而改变。
2. 很难区分我们应该喜欢什么以及我们真正享受什么（我喜欢穿过公园裸奔，但这样做的话我肯定会像被放在地狱里烤）。

3. 其他人，尤其是成年人，很少批准这些好事情。

学着倾听你内心微弱的声音，就是你8岁时自我的声音，大人们(甚至你自己)的声音会打断并且出言制止，这时你就会发现自己的所爱。你也可能需要进行远足或者孤身旅行，就像佛陀、耶稣和孔子他们做过的那样，享受延伸的旅程，在听到答案之前，其间的几百个小时内你得自己作出每一个决定，但答案就在那里。如果你知道如何获得乐趣（通过自己，如果必须的话），就将总是有动力去做某些事情。

疯狂的朋友

发展那些说是的朋友。对午夜的公路之旅说"是"，对一起写糟糕的剧本说"是"，对在午餐时间脑力激荡统治世界的战略说"是"。我们都曾经有过疯狂的朋友，但随着离开大学校园，工作、家庭和其他成熟的追求占据了舞台的中心，疯狂的色彩就从他们身上逐渐散去。然而当创新摇摇欲坠时，把他们找出来。他们最有可能理解你的意思，然后在身边支持你，增加你完成创新的概率。运用朋友伙伴的关系：成为彼此的疯狂朋友。

纪律

保罗·西蒙说过："如果我们愿意努力找到它，那总是有话可以说的。"激励就在我们的内心中等待着，而如果我们愿意通过自己的愤怒、悲伤和自相矛盾来深入探究的话，可以把它们激发出来。没有一个职业运动员喜欢每天训练，但他们还是照做不误。没有一个职业作家喜欢每天写作，但他们也笔耕不辍。激励的纪律不是军事化：不用扮演军训教官（尽管有的时候，这也会有用处）。相反，只要你觉得自己没有动力，写下那些可能会激励你的问题和情感，看看哪一条会让你的心跳加速。问一下自己：一个星期以后回过头来看，我会希望自己今天做了工作还是偷懒？当感觉没有动力时需要纪律来寻找激励，但一个艺术家和某个热切地希望自己成为艺术家的人还是有区别的。所以为了这个目的，我希望这本书已经帮你发现了自己的能力是什么。

附 录

研究和推荐

研究和推荐

这个附录是给那些好奇心灵提供的燃料：我已经为对全书所涵盖的主题寻求更多了解的人提供了大量的注记。这里有两个书目——一个有注解，另外一个按顺序排列——以及其他的一些研究资料，可以用来验证我所写的东西。祝你好运！发现了什么宝贝跟我说一下。

带注解的书目

神话和神话学

有很多类型的神话，但在本书中我专注于那些人们误认为是明白无误的事实，有清楚的证据表明其并不正确。其他类型的神话，诸如那些散见于各种文化中的神话传说（比如，希腊的神话与传说），通常并不被认为是明白无误的，而对于阅读和享受它们的人来说满足的是其他目的。一开始我也计划在本书中探讨这种神话，但随着写书的进行，本书集中在误解的类型。如想探寻这些类型神话的力量，这是两本我喜欢的书。

Joseph Campbell和Bill Mqyers,《The Power of Myth》（Anchor, 1991）

>这是约瑟夫·坎贝尔的著作中最易读懂的一本。它是一本由比尔·莫耶斯主持的系列访谈的合集，涵盖了坎贝尔其他作品中的主要论题。最重要的是这本书解释了为什么神话不容忽视，它们是怎样起作用的，以及它们与今天所面临的挑战的关系。如果你喜欢这本书，还可以接着看坎贝尔的《Myths to Live By》(Souvenir Press Ltd, 1995)。

Karen Armstrong,《A Short History of Myths》(Canongate, 2005)

>这本小书追寻了神话的历史，从神话的开创一直到现代。阿姆斯特朗是一个大师，善于用不那么严肃但学术化的方式来探讨信仰的主题，作者为《The Power of Myth》树立了一个绝佳的参照。这两本书都避免陷入神的话题或者进行神话

比较，但都解释了为什么人们想要去寻求神话。

商业创新

很少有畅销的关于商业创新的书籍恰当地提到早期开创这个领域的著作。这是一种普遍的现象，即书籍重复利用已有的清晰和流行的想法，还能正确地将功劳归结于它们。我发现这些某种程度上有点老的书籍更有力量，因为它们经过了很多年的考验，表明作者们抓住了更深层次的智慧。

Peter Drucker,《Innovation and Entrepreneurship》(Collins, 1993)
> 这是我的研究的一个起点。作者的方法是明智而简洁的，他的文笔很好，而且他引用了很多故事而不仅是统计结果来支持自己的观点。如果你想要理解商业创新或者对创办新兴企业感兴趣，这是一本必读书籍。

Andrew Hargadon,《How Breakthroughs Happen: The Surprising Truth About How Companies Innovate》(Harvard Business School Press, 2003)
> 哈戈登触及了我的研究中发现的很多主题，而且他侧重于历史上有趣的故事胜过图表和统计。我唯一的遗憾是我没能早点发现这本书。

Richard Foster,《Innovation: The Attacker's Advantage》(Simon & Schuster, 1988)
> 就我所了解的而言，这是第一本使用S创新曲线的书，这个模型被很多当代的商业书籍所引用。通常探访思想的源头都很有价值，而福斯特没有让人失望。跟前面列举的两本书不同，这本书很大部分是关于战略和策略的，但同时它也提供了基于真实历史的理由来说明那些策略是有效的。詹姆斯·M. 阿特伯克(James M. Utterback)所写的《Mastering the Dynamics of Innovation》一书，也被类似地忽视了——今天

它并不经常被提及，但却值得提到。

Guy Kawasaki，《The Art of the Start: The Time-Tested, Battle-Hardened Guide for Anyone Starting Anything》(Portfolio, 2004)

> 从书名你可以看出作者懂得市场宣传。这本小书不怎么谈论历史或者理论，但是充满了行动、激励和勇气。对于那些想得太多、做得不够的空想发明家而言，这是一剂解毒良药。

创新思考和问题解决

我读过很多关于这两个专题的资料，包括经典著作、畅销书、研究论文和科学研究。然而，最能有力地勾画出关键思想，还是发明家自己的记录和讲述。这些发明家自己讲述的故事伴随我更久，有更深的含义，同时当我在讲座和培训中使用这些故事时，也证明它们更有潜力。

John Medina，《Brain Rules》(Pear Press, 2008)

> 这本书是神经科学研究的最佳讲解，内容包括了如何在创造性或者其他任何活动中最有效地运用大脑。麦蒂纳是一位杰出的作者，风趣幽默，令人深思。强烈推荐本书。

Mihaly Csikszentmihalyi，《Creativity: Flow and the Psychology of Discovery and Invention》(HarperPerennial, 1997)

> 他是创造力研究的大师之一，而这本书是他的著作中我喜欢的。它基于对很多创造性头脑的长期研究，从这些人的角度探讨了创造是怎样发生的。他的研究对本书第1章所描述的流程提供了最清楚的叙述。

《From the Earth to the Moon》，第5集: Spider (HBO, 1998)

> 这是表现美国航天航空局与前苏联奔向月球的竞赛的精彩戏剧的第5部分。这一集侧重于介绍月球登录车：一个关于政治、被忽视的想法、创造性的问题解决方案、合作和其他一些专题的绝妙故事。强烈推荐。跟你的同事一起观看，并与

你的组织的运作方式进行比较和对照。这是电影《阿波罗13号》的绝佳伴侣。

Kenneth A. Brown,《Inventors at Work: Interviews with 16 Notable American Inventors》(Microsoft Press, 1988)

这本书是对20世纪最伟大创新者的系列访谈,也是《Programmers at Work》[由苏珊·M. 兰姆斯(Susan M. Lammers)所著,Microsoft Press 出版]的伴侣书。如果你想创新,最好的赌注就是听那些做过的人谈谈创新是怎样完成的。这本访谈合集涉及了很多了不起的专题和故事。把那些"如何才有创造力"的书忘掉——看看这些人是怎么做的,然后开始干活吧。[同时参阅 Jessica Livingston 的《Founders at Work: Stories of Startups' Early Days》(Apress, 2008)。]

Irving Stone,《The Agony and the Ecstasy》(NAL Trade, 2004)

历史小说可以是令人感动的,而这本书就采取了正确的方法。它将米开朗基罗的生平写成小说,但是在大量的研究基础之上。对于那些雄心勃勃的创新者,强烈推荐这本书。米开朗基罗是伟大人物之一,而他生平的细节——尤其是他对当时强权的抗拒——会在你的心中播下火种的。有一部1965年的同名影片,但先看书比较好。那部电影由 Charles Helston 主演,但对于想成为创新者的人而言,电影缺乏书的深度。(和尖刻的艺术家和创造者拿着啤酒一起观看会比较有趣。)

Ira Flatow,《They All Laughed》(HarperCollins, 1992)

这本书是由一系列的短篇构成,介绍了很多伟大的发明是怎样产生的,包括电视、特氟龙、复印机、凡士林以及橡皮泥。弗拉陶的视角是戏剧性和令人痛苦的,因为所有这些故事都出人意料地复杂、困难和令人沮丧(对于创新者而言,而不是读者)。这本书不是深度历史,某些事实的准确性也有问题,但它是一部可读性很高的书,发人深省和让人谦虚。

历史和文化

智慧的定义之一就是对环境的理解和把握。你需要能够比较两个事物,然后获得深入见解并明智地行动。想要掌握任何领域,你最终就得回顾过去——那是能够找到的最清晰图景,描绘出发生了什么事以及缘由,这就为你当前指明了事情的各种环境因素。也许在我研究期间读过的三分之一书籍都是这样或者那样的历史书,目的有两个:一是比较过去事件的各种版本的记录;二是为了更好地理解如何在当前将历史用作一个工具。

James W. Loewen,《Lies My Teacher Told Me》(Touchstone, 1996)
Howard Zinn,《A People's History of the United States》(Harper-Collins, 1980)

> 想要揭示已经流传了几十年的事物的真相是需要勇气的,而这两本书都迎头面对了挑战。利奥文的书侧重于对美国学校教科书的分析,仅对感恩节的重新讲述就值得书的价钱了;辛的书更多地关注了政治,缩短了美国人如何看待自己以及世界如何看待美国人之间的鸿沟。这两本书都是改变世界观的书,然而它们有时都会落入我极力避免的一个陷阱:告诉你什么没做到,而不说做到了什么。

Edward Hallett Carr,《What Is History?》(Vintage, 1967)

> 那些在区区200页里就整个改变了你的想法的书值得特别的表扬:这本就是其中之一。有些历史叙述领域的人认为这本书太过于戏剧性也太夸张,但它很适合我,向我展示了历史学家应该问的重大问题,让我对这些问题的答案很感兴趣。

Arnold Pacey,《The Maze of Ingenuity》(MIT Press, 1992)

> 佩西的目的是要展示今天的创新和西方几个世纪以来的创新的平行关系,包括强调不同时期的文化是如何看待这些发明的价值的。这是一本短小却很有含量的书,如果你对以前的技术是如何做出来的感到惊奇的话,你会喜欢并记住这本书的。

Everett M Rogers,《Diffusion of Innovations》(Free Press, 1995)
正如前面提到过的,这本从人类学的角度来理解创新的方式是无法抗拒和具有深远影响的。这本书又长,风格又学术化,但里面的故事如此之棒让你不介意它的这种风格。跳着看是没问题的,因为要点已经在早期提出来了,并且在以后不断地提到。

顺序排列的书目

传统的书目价值非常有限。它们对于前人工作的价值说得含混不清,也不提作者是如何使用这些书的。(资源是被精读,被扫了一眼,还是用来做镇纸?)在带注解的书目基础上,我试验性地用不同格式做了一个综合列表,结果就是顺序排列的书目。目的在于指出在我的研究过程中,何种资源多少次吸引了我的注意力。

下面排列的顺序是基于对我超过200页的研究笔记所做的审阅。我从一本书中每摘抄一个笔记,就给这本书打一分,在排列顺序里面也列出了参考的分数。虽然没有一个完美的系统来给影响力排序(这样做的缺点是并非所有的笔记都对我有同等的影响力),但这个方法是所有建议方法中最好的一种。

82,《Innovation and Entrepreneurship》, Peter Drucker

67,《How Breakthroughs Happen: The Surprising Truth About How Companies Innovate》, Andrew Hargadon

55,《Diffusion of Innovations》, Everett M. Rogers

55,《The Engines of Our Ingenuity》, John H. Lienhard

52,《Creativity in Science: Chance, Logic, Genius, and Zeitgeist》, Dean Keith Simonton

50,《Fire in the Crucible: The Alchemy of Creative Genius》, John Briggs

49,《The Grace of Great Things: Creativity and Innovation》,

Robert Grudin

46,《Really Useful: The Origins of Everyday Things》, Joel Levy

46,《Breakthrough: Stories and Strategies of Radical Innovation》, Mark Stefik 和 Barbara Stefik

44,《Innovation: The Basis for Cultural Change》, H. G. Barnett

36,《The Maze of Ingenuity》, Arnold Pacey

35,《Beethoven: The Universal Composer》, Edmund Morris

34,《Creativity: Beyond the Myth of Genius》, Robert W. Weisberg

33,《The Evolution of Technology》, George Basalla

32,《Mastering the Dynamics of Innovation》, James M. Utterback

30,《Sparks of Genius》, Robert S. Root-Bernstein 和 Michele M. Root-Bernstein

28,《Connections》, James Burke

27,《What Is History?》, Edward Hallett Carr

26,《The Innovation Paradox: The Success of Failure, the Failure of Success》, Richard Farson 和 Ralph Keyes

24,《A Brief History of the Future》, John Naughton

23,《The Company: A Short History of a Revolutionary Idea》, John Micklethwait 和 Adrian Wooldridge

22,《Isaac Newton》, James Gleick

22,《Philosophy of History》, Paul Newall (*http://galilean-library.org/site/index.php?/page/resources?record=47*)

22,《Innovation: The Attacker's Advantage》, Richard N. Foster

21,《Inventors at Work: Interviews with 16 Notable American Inventors》, Kenneth A. Brown

21,《Applied Imagination》, Alex F. Osborn

20,《Future Hype: The Myths of Technology Change》, Bob Seidensticker

19,《Fumbling the Future: How Xerox Invented, Then Ignored, the First Personal Computer》, Douglas K. Smith和Robert C.Alexander

19,《Medici Effect: What Elephants and Epidemics Can Teach Us About Innovation》, Frans Johansson

18,《How We Got Here: A Slightly Irreverent History of Technology and Markets》, Andy Kessler

17,《They All Laughed》, Ira Flatow

17,《Gutenberg: How One Man Remade the World with Words》, John Man

16,《A Short History of Myths》, Karen Armstrong

16,《The Innovators: The Discoveries, Inventions, and Breakthroughs of Our Time》, John Diebold

16,《The Big Idea》, Steven D. Strauss

16,《Origins of Genius: Darwinian Perspectives on Creativity》, Dean Keith Simonton

16,《The Victorian Internet》, Tom Standage

15,《Innovation: Driving Product, Process, and Market Change》, Edward B. Roberts

14,《Bootstrapping: Douglas Engelbart, Coevolution, and the Origins of Personal Computing》, Thierry Bardini

14,《Myth: Biography of Belief》, David Leeming

12,《Lucky or Smart》, Bo Peabody

12,《Creativity: Flow and the Psychology of Discovery and Invention》, Mihaly Csikszentmihalyi

12,《The Progress Paradox: How Life Gets Better While People

Feel Worse》, Gregg Easterbrook

12,《The Creative Habit: Learn It and Use It for Life》, Twyla Tharp

12,《The Innovator's Solution: Creating and Sustaining Successful Growth》, Clayton M. Christensen

11,《Lost Discoveries》, Dick Teresi

11,《The Art of the Start: The Time-Tested, Battle-Hardened Guide for Anyone Starting Anything》, Guy Kawasaki

11,《Amazon.com: Get Big Fast》, Robert Spector

11,《Eurekas and Euphorias: The Oxford Book of Scientific Anecdotes》, Walter Gratzer

10,《National Geographic Book of Inventions》, Ian Harrison

10,《Blink》, Malcolm Gladwell

10,《Visions of Technology》, Richard Rhodes

10,《The Google Story》, David A. Vise 和 Mark Malseed

10,《Alexander the Great's Art of Strategy》, Partha Bose

10,《Technological Innovation: A Critical Review of Current Knowledge》, Patrick Kelly 和 Melvin Kranzberg

9,《Organizing Genius: The Secrets of Creative Collaboration》, Warren Bennis 和 Patricia Ward Biederman

9,《The Art of Innovation》, Tom Kelley、Jonathan Littman 和 Tom Peters

9,《Blockbusters》, Gary S. Lynn

9,《Harvard Business Review on Innovation》, Harvard Business School Press

9,《Managing Creativity and Innovation》, Harvard Business School Press

8,《Ten Theories of Human Nature》, Leslie Steveson 和 David L. Haberman

8,《Juice: The Creative Fuel That Drives World-Class Inventors》, Evan I. Schwartz

8,《The Wisdom of Crowds》, James Surowiecki

8,《The Change Function: Why Some Technologies Take Off and Others Crash and Burn》, Pip Coburn

8,《The Act of Creation》, Arthur Koestler

8,《Founders at Work: Stories of Startups' Early Days》, Jessica Livingston

8,《The Sciences of the Artificial》, Herbert A. Simon

7,《Forbes' Greatest Business Stories of All Time》, Daniel Gross

7,《Salt: A World History》, Mark Kurlansky

7,《One Good Turn: A Natural History of the Screwdriver and the Screw》, Witold Rybczynski

6,《Higher: A Historic Race to the Sky and the Making of a City》, Neal Bascomb

6,《We Reach the Moon: The Story of Man's Greatest Adventure》, John Noble Wilford

6,《The Search: How Google and Its Rivals Rewrote the Rules of Business and Transformed Our Culture》, John Battelle

6,《Dealing with Darwin: How Great Companies Innovate at Every Phase of Their Evolution》, Geoffrey A. Moore

6,《Just for Fun: The Story of an Accidental Revolutionary》, Linus Torvolds 和 David Diamond

6,《Industrial Creativity: The Psychology of the Inventor》, Joseph Rossman

研究和推荐

5,《Scientific Method》, Wikipedia (http://en.wikipedia.org/wiki/Scientific_method)

5,《Innovation: The Missing Dimension》, Richard K. Lester 和 Michael J. Piore

4,《The Perfect Thing: How the iPod Shuffles Commerce, Culture, and Coolness》, Steven Levy

4,《Invention by Design: How Engineers Get from Thought to Thing》, Henry Petroski

4,《The Private Life of a Masterpiece》, Monica Bohm-Duchen

4,《Johannes Gutenberg》,Wikipedia (http://en.wikipedia.org/wiki/Johannes_Gutenberg)

4,《The Structure of Scientific Revolutions》, Thomas S. Kuhn

4,《Mavericks: How to Lead Your Staff to Think Like Einstein, Create Like Da Vinci, and Invent Like Edison》, Donald W. Blohowiak

4,《The Eurkea Effect: The Art and Logic of Breakthrough Thinking》, David Perkins

3,《Creativity in Business》, Michael Ray 和 Rochelle Myers

3,《The Map of Innovation: Creating Something Out of Nothing》, Kevin O'Connor 和 Paul B. Brown

3,《Innovation at the Speed of Laughter: 8 Secrets to World-Class Idea Generation》, John Sweeny

3,《Revolution in Science》, I. Bernard Cohen

2,《Dealers of Lightning: Xerox PARC and the Dawn of the Computer Age》, Michael A. Hiltzik

2,《The Sociology of Invention》, S.C. Gilfillan

1,《The Perfect Store: Inside eBay》, Adam Cohen

1,《The Future of Ideas: The Fate of the Commons in a Connected World》, Lawrence Lessig

1,《Of Innovations》, Francis Bacon (*http://oregonstate.edu/instruct/phl302/texts/bacon/bacon_essays.html*)

1,《Cracking Creativity: The Secrets of Creative Genius》, Michael Michalko

1,《When Old Technologies Were New》, Carolyn Marvin

1,《Mavericks at Work: Why the Most Original Minds in Business Win》, William C. Taylor 和 Polly G. LaBarre

0,《The Art of Project Management》, Scott Berkun

其他研究资源

- **访谈**。在过去的两年中,我采访了100多人,形式从电话、电子邮件的交谈到在飞机上打发无聊时间的闲谈和公共汽车上的只言片语,以及会议室里的辩论和好几个小时有啤酒助兴的讨论。这些谈话是找出有哪些神话要涵盖的首要灵感来源,也是对每个神话进行探讨的最有用的角度。访谈是获取创新真实故事的唯一途径,这些真实故事由于太丰富多彩、太令人羞愧、太荒诞或者太破坏法律而不能在记录上留下踪迹。

- **讲座和讨论**。本书中的一些主题在 Google、微软、Amazon.com、Adaptive Path MX、Seattle Mindcamp、O'Reilly 的 FOO Camp 与 Ignite!、华盛顿大学以及麻省理工大学的讲座中提到过。我衷心感谢那些在讲座中提问、指出错误和对我的玩笑哈哈大笑的人。

- **博客**。作为一种尝试,我用我的网站来提问题、索取参考、提出命题以收集反馈,拓展了我的研究的外沿。这被证明是一种精彩的方法,我得益于用其他方法绝不可能接触到的人们。

- **调查**。有110个自认为是创新者的人填写了在线调查问卷,探讨了创新的一般问题和创新的神话。这些人包括科学家、作家、计算机程序员和艺术家。这个调查的目的是提供真实的证据,而调查结果与本书第 6 章提到的内容相差不多。选出的调查结果参见 *http://www.scottberkun.com/blog/?p=422/*。

- **时间**。这本平装版得益于在将近三年的时间里对企业、机构和初创公司的访问,进一步探讨了上一版精装版中的想法。本书中的观点已经经历了相当显著的历程,我希望它们能够在未来仍然经得起检验。如果它们不能,而且被用更佳的方式替换掉以便理解,我会很高兴。

照片版权

章节开篇图

前言, 美国纽约州纽约市, Yann Le Coroller (*http://www.hikari.fr*)

第1章, 摄自德国朗格奥格岛, Lothar Knopp (*http://www.flickr.com/photos/lotse*)

第2章, 法国巴黎, Frank Lee (*www.flee.com*)

第3章, 美国加利福尼亚州圣克鲁兹市的9号公路, Chuck Rogers (*http://www.flickr.com/photos/two-wrongs/*)

第4章, David位于西雅图的公寓, David Adam-Edelstein (*http://www.noise-to-signal.com/*)

第5章, 澳大利亚墨尔本, James Robertson (*http://www.flickr.com/photos/shingen_au/*)

第6章, 澳大利亚墨尔本, James Robertson (*http://www.flickr.com/photos/shingen_au/*)

第7章, 中国丽江, Fillip Forte (*http://flickr.com/photos/fortes/*)

第8章, 摄自德国波茨坦市无忧宫, Lothar Knopp(*http://www.flickr.com/photos/lotse*)

第9章, 美国德国萨斯州, Robin Walker (*http://www.pbase.com/walk1*)

第10章, 德国朗格奥格岛, Lothar Knopp (*http://www.flickr.com/photos/lotse*)

第11章，美国加利福尼亚州旧金山市，Steve Rotman (*http://www.flickr.com/photos/phunk/25923140/*)

第12章，泰国大城府，McKay Savage (*http://www.flickr.com/photos/mckaysavage/381693996/*)

第13章，捷克共和国布拉格，Goran Patlejch (*http://www.flickr.com/photos/patlejch/4205226569/*)

第14章，西班牙巴斯克地区毕尔巴鄂，Joris Verboomen (*http://www.flickr.com/photos/jovivebo/197845214/*)

附录，James Hague (*http://www.flickr.com/photos/jhague/130509761/*)

插图

图2-2，由 Maria Kaloudi 所摄

图3-1，由 Liam Abrahamsen 所摄

图4-1，由 Jimmy Wewer 所摄

图8-1，NASA/JPL-CalTech 授权

图9-1，© 伦敦泰特美术馆，2007年

图10-2，W1950-3-1，Peter Paul Rubens，《被缚的普罗米修斯》，费城艺术博物馆：由 W.P. Wilstach Collection 购买，1950年

图10-3，美联社/互联网照片

致谢

为平装版

一本关于创新的书难道不应该自身尝试一些新主意吗？因为我很好奇——尽管也有怀疑——关于"众包"(crowdsourcing)（使用互联网来让很多人都贡献点内容），我邀请了 www.scottberkun.com 的读者们来自愿帮助这本《创新的神话》平装版。共有60多位读者同意了这个请求：有些人做得不多，但有超过20位的读者做出了显著的贡献。一些朋友也给予了帮助。我们以各章为单位，让每个人负责查找笔误，提出更正建议，改进参考资料，提出反驳意见，以及从总体上帮助这一版本做到精确和尽可能地与时俱进。身为作者，得到如此之多的帮助，我感激不尽。

这个团队包括：Divya Manian、Paul Tevis、Vasu Srinivasan、Sara Vermeylen、Nathan Bashaw、Chris Granger、Kimm Viebrock、Bella Martin、Ben Ahroni、Terence Tourangeau、Kav Latiolais、Rob Davis、Harald Felgner、Branimir Ćorluka（写对了，是吧？）、Andrew E. McAdams、Allison Jacobsen 和 Piotr Tyburski（你俩谁是我的网址大牛）、Dan Roberts、Ian Tyrrell、Simon Rogers、Del Cook、Dmitri Schoeman、Royal Winchester、Jody Rae Prival Myers 以及 Mike Nitabach。

感谢 Mary Treseler、Marlowe Schaeffer、Rachel Monaghan、Mark Paglietti、Sara Peyton 以及 O'Reilly Media 公司里所有帮助这个平装版成为可能的人。

在写作这个版本时所听的音乐：Cake、Jonny Cash、Elliott Smith、Cat Power、Pink、National Trust、Caledonia、The Cars、Public Image Ltd、The Clash、Dropkick Murphys、Mozart、Sonny Rollins、Patty Griffin。

为原精装版

致 Jill：为 16 年来所做的一切。

Mary O'Brien，本书的编辑，为你说"是"的勇气，为赢得我的信任，以及为给我足够的时间让我自己呆着完成此书。

Marlowe Shaeffer，我的朋友，也是与众不同的明星产品编辑，还有这本书的制作团队，包括 Kate Basart（封面）、Rob Romano（插图）、Ron Bilodeau（内页设计）、Caitrin McCullough（编辑）、Sara Peyton（公共关系）、Steve Fehler（创意总监）、Reba Libby（校对）和 Ellen Troutman（索引制作）。

很多凌晨两点时夜晚的安静以及那么晚还与我做伴的疯狂猫头鹰们。

为 Bob Baxley 说我是懦夫（他是对的）以及 Christopher Konrad 说我混账（也是对的）。

所有不回我邮件并且此时正在内疚的人。

为 Avett 兄弟提醒我要一气呵成——做任何事情绝对不要半途而废。

为 Richard Stoakley、Bob Baxley 和 Faisal Jawdat 对早期概要提出的反馈。

英勇的章节审阅团队：Faisal Jawdat、Robin Jeffries(Google)、Bryan Zug、James Refill 和 Bob Baxley。

致谢

致导师和师傅：Todd Berkun、Rob Elkins、Jerry Reinstein、Adam Stein、Don Cole、Wilfred Seig、Joe Belfiore、Chris Jones、Steve Capps 和 Mark Ashley。

西雅图国王郡的图书馆系统和那些让跨图书馆借阅成为可能的精灵。

为你们为我付出的时间：Jeff Hawkins、Cory Ondrejka、Ian Phillips、Neil Enns、Stephen Rosenthal、Mark Colburn、Prasadi de Silva、Gary Flake、Derek Bates、John Musser、Richard Stoakley (Overcastmedia.com)、Kenneth Norton、Kevin Schofield、Lynn Cherny、Erin McKean、Greg Linden、Adam Green、Matt Conway、Josh Strater、Brian Hutchinson、Ross Andrus、Mike Vance、Sachin Bhatia、Ian White、Paul Sauruzi、Saul Griffith、Joshua Schauer、Gaurav Oberoi 和 Chuck Groom (Billmonk.com)、Hillel Cooperman (Jacksonfish.com)、Piero Sierra、David Hounsell (卡内基·梅隆大学)、John Li (menuism.com)、Steve Capps、Sarah Nelson 以及 Josh Orum (还有记在我的第 7 号 Moleskine 笔记本上的那些名字，笔记本遗失在大陆航空公司 1739 航班上了。祝你好运，满是涂鸦的小家伙)。

为许可、建议、在博客里发表意见和其他点滴的帮助：Mark Denovich、Carrie Devine、Gregory Raiz、James Bullock、Timothy Johnson、Jeff De Cagna、Powel Brodzinksi、Courtney Center、Dan Saffer、Brian Jepson、Jim Kalbach、KevinMorrill、Rami Nasser、Eric Nehrlick、Peter Cavallo、Hanif Rehman、Catarina Flake、Dion Hinchcliffe、Jay Zipursky、Justin Martinstein、Noah Brier、Konrad West、Alexis Leon、Jason Fried、Bill Stevenson、Rory O'Connor、Gernot D Ross、John Jantos、Sam Greenfield (wiseass)、Rob Lefferts、Leddom Lefferts、Shawn Murphy、Phil "5 card stud" Simon、Chris "cycling is not a sport" McGee、Mike "spin-move" Viola、David "pretty boy" Sanberg、Joe "gourmet" Mirza 和曾经辉煌的 Richard "Chinaski" Grudman。

为在本书写作期间听到的音乐：Wonderful Smith、Neutral Milk Hotel、Avett 兄弟(经常在听)、Arcade Fire、Johnny Cash、The Shins、Thelonious Monk、Mozart、Beethoven、Bell X1、Cat Power、Aimee Mann、The Breeders、Belly、Cake、Paul Cantelon、Elliott Smith、The Gossip、Jack Johnson、King Missile、Velvet Underground、Frank Sinatra、The Long Winters、REM、Radiohead、Social Distortion、Woody Guthrie、Bruce Springsteen、Sleater-Kinney、Regina Spektor 和 Cut Chemists。

如何帮助本书：
作者的一个请求

谢谢你购买此书。如果某种程度上本书超出了你的预期，或者你读完之后感叹"呃，如果能有更多的人读到此书，事情可能会好很多"的话，这一页就是为你而写的。

正如你现在所知道的，我是个年轻的独立作家。我没有一个巨大的市场宣传机器做靠山，也没有一帮亿万富翁的朋友或者一个魔法精灵让我提出三个愿望。尽管如此，也还好了。如果你愿意挤出几分钟自己的时间，就能真正地帮助这本书在这个冷酷、艰难的世界上找到自己的出路，因为有太多的好书根本就没有让应该读这些书的人知道它们的存在。

请考虑以下任何一条请求：

- 在 Amazon.com 网站上写一篇关于本书的评论。
- 在你的博客、Facebook 和 Twitter 上发表一个关于本书的帖子。
- 把本书推荐给你的同事们，朋友们，朋友的朋友们，甚至推荐给写博客的朋友们，同事的写博客的朋友们，以及朋友的写博客的朋友——其博客内容是关于他们朋友的博客。可能性是无穷尽的。
- 如果你认识为报纸和杂志写稿的人，给他们提个要求，介绍一下本书——说不定奥普拉(Oprah)或者乔恩·斯图尔特(Jon

Stewart)^{译注1}欠你一个人情。如果他们能推荐,现在就是赚钱的好时机了。

- 如果你愿意假扮特工,就秘密地把这本书的一本放在某个重要或者有影响力的人物的桌上。
- 访问 www.scottberkun.com 网站并且浏览我每周都写的那些好东西。如果你喜欢找到的东西,心里记着这点并且再重复一遍这份清单。

这些小事情会产生大不相同的结果。身为作者,我对本书的看法无足轻重。但是你,亲爱的读者,具有这世上的全部力量。

你不仅能让本书找到出路,而且也能让我写作下一本书的风险更容易克服,增加了下一次我写一本更好的书的概率。

一如既往,感谢你的帮助和支持。

——斯科特

译注1 两人均为美国著名电视节目主持人。

关于作者

斯科特·伯昆（Scott Berkun）于1994年到2003年间在微软就任经理职务，负责微软网络浏览器(Internet Explorer)第一版到第五版的项目开发（不包含第六版，IE6）。他是三本畅销书的作者，包括《Making Things Happen》、《The Myths of Innovation》(精装版)以及《Confessions of a Public Speaker》（全部由 O'Reilly 出版）。

斯科特是一位全职的作家和演说家，他的作品发表在《纽约时报》、《福布斯杂志》、《经济学人》周刊、《华盛顿邮报》、《连线》杂志、国家公共电台(National Public Radio)以及其他媒体上。他定期给《哈佛商业评论》和《商业周刊》供稿，还在华盛顿大学(University of Washington)教授创造性思考，以及在MSNBC和CNBC电视台作为一位创新和管理专家出镜。他经常在自己受欢迎的博客网站www.scottberkun.com上写关于创新和创造性思维的内容，也发布在Twitter上:@berkun。

他的人生目标是将图中的书架，就在他的书桌旁边，用自己写作的书装满。如果他当初聪明点，应该选个小一些的书架。

斯科特住在华盛顿州的西雅图，但他经常在全世界进行关于创造和他所写的其他主题的演讲。如果你想邀请他出席某场演讲，可以访问www.scottberkun.com。你可以观看他过去的演讲录像，并且联系到他本人。

出版说明

封面和书名的字体是 BentonSans。正文字体是 Sabon。

页码是手工雕刻字体，基于一份手稿的荷兰文版，该份手稿是一部著名的中国 13 世纪专著的复制品，据信马可波罗最好朋友的姐妹曾经看过这部专著。注意那些华美的无衬线（sans-serifed）小写字母！它们需要额外收费，你知道的。[译注1]

某些复杂的内部排版是从国际空间站上远程完成的，根据警察报告，使用了激光束、不明宇宙气体和一罐俄国啤酒。

印刷本书所使用的油墨是从数千只马来西亚杜松甲虫中提炼出来的，这些甲虫由于外表深黑而被手工挑选出来。再用这些提取物与巴伐利亚阿尔卑斯山的活水（取自山的北麓，而不是南麓的污水）混合，然后这些无价的墨水被存放在用上乘法国硬木所制成的小桶中。这些木桶再被裹上一层埃及天鹅绒并且放置起来老化几个世纪，期间一个由全世界最好的童声合唱团所组成的秘密部落吟唱救赎赞美诗祝福这些木桶，保佑所有那些阅读用这种油墨印刷出来的出版说明文字的读者。

译注1　"马可波罗最好朋友的姐妹"和以下各段提到的内容应该都是作者杜撰的玩笑。

这本书，除了油墨、字体和页码外，是由99%再生的A级松露混合物所制成，这些混合物由"出版说明作者国际协会"[译注2]认证。剩下的1%，很不幸，只是用半再生的松露混合物制成，没有达到"出版说明作者国际协会"的三级标准。我跟你一样感到挫败。

至此我想中断此文，来为未能提供高质量的出版说明而道歉，这种高质量的出版说明是读者对O'Reilly的一贯期待。请相信我们已经尽全力来保证质量。几个别人推荐的出版专家已经被我们雇佣了，但他们被发现毫无价值，于是被替换、解雇，统统被一脚踢走，关在阴冷黑暗的角落里裹着薄衣从尾到头读俄文版的《战争与和平》，直到最后，在付出极大代价之后，目前这位被正确选中的出版人释放了那些被囚禁的出版艺术从业者，挽救了局面。

在你离去之前，应该知道我这位匿名的出版说明作者，已经使用了各种出版说明神力拯救了人类几十次免于灭绝。出于尊重，你总应该读一读出版说明——你永远不知道自己会读到什么。

[译注2] 作者杜撰的组织。